7

Jul.

叔凡说法
一看就懂的法律常识

李叔凡 著

北京联合出版公司
Beijing United Publishing Co.,Ltd.

图书在版编目（CIP）数据

一看就懂的法律常识 / 李叔凡著. -- 北京：北京联合出版公司，2021.12
ISBN 978-7-5596-5701-5

Ⅰ.①一… Ⅱ.①李… Ⅲ.①法律—基本知识—中国 Ⅳ.①D920.5

中国版本图书馆CIP数据核字（2021）第225196号

一看就懂的法律常识

作　　者：李叔凡
责任编辑：徐　樟
产品经理：张　政　闫丹丹
内文排版：飞鱼时光

北京联合出版公司出版
（北京市西城区德外大街83号楼9层　100088）
河北鹏润印刷有限公司印刷　新华书店经销
字数135千字　880毫米×1230毫米　1/32　印张8.25
2021年12月第1版　2021年12月第1次印刷
ISBN 978-7-5596-5701-5
定价：59.80元

版权所有，侵权必究
未经许可，不得以任何方式复制或抄袭本书部分或全部内容
本书若有质量问题，请与本公司图书销售中心联系调换。电话：（010）82069336

目录 CONTENTS

CHAPTER 01 职场必备的法律常识

一、入职 /003

符不符合录用条件，谁说了算？ /003
录用通知书的妙用 /008
体检是必须的吗？ /013
入职保证金、保证人是什么？ /018

二、劳动合同中的小秘密大问题 /023

公司不和我签劳动合同怎么办？ /023
我不想和公司签！ /028
试用期到底有多久？ /031
"规章制度"真的是公司的大杀器？ /035
让人又爱又恨的竞业禁止协议 /041

三、我的待遇究竟有哪些？ /047

单休还是双休？ /047
医疗期和病假是一回事吗？ /050
加班常有，而加班费不常有 /056

加班还是值班，这很重要 /060

业绩提成是不是工资？ /063

四、此处不留人？好办 /067

凭什么调薪又调岗？ /067

发工资不及时，补发就好了？ /070

能不能胜任，谁说了算 /077

合同到期，这笔钱千万别忘了要！ /080

辞职的正确方式 /082

四种情况，随时走人 /084

CHAPTER 02 结婚这件大事

一、登记之前 /091

彩礼真的不用给了吗？ /091

彩礼能往回要吗？ /094

爸妈给买的房子，是小两口的吗？ /096

拜了天地有了娃，竟然不受法律保护 /098

都二十一世纪了，这个词竟然还有人提起 /099

对不起,我要行使撤销权 /102

二、领证之后 /107

不上班行不行啊?你养我啊? /107

这些钱都有你的一半! /110

这些钱没有一分是你的! /113

共同债务这个"深坑" /115

不用等离婚,也可以分割财产 /118

富豪、明星们的成熟经验,普通人也可以借鉴! /121

三、一拍能否两散 /124

请你冷静一下,再冷静一下 /124

不想冷静行不行? /128

对不起,四种情形不许离 /130

孩子到底该给谁? /132

财产到底怎么分? /135

破镜重圆是好事,但别忽略了一个细节 /137

挥霍可以,不分给你! /139

你得赔我损失! /140

CHAPTER 03 遗产继承

为了避免后代反目成仇,真心建议立遗嘱 /147
给你遗产,要不要? /149
七大姑八大姨,到底谁是继承人? /152
真的存在"完美遗嘱"吗? /155
"再嫁女"还能继承前夫的遗产吗? /157
两姓旁人也有继承权 /159
儿子没了,儿子的儿子可以继承吗? /160
法律也可怜天下父母心 /162

CHAPTER 04 网购时代如何维权

找商家?厂家? /167
假一到底赔三还是赔十? /169
主播忽悠人怎么办? /172
如何看待打假英雄? /175
互联网法院是管什么的? /180
主播到底是广告代言人还是销售商? /184
原价999,现价9块9? /186

CHAPTER 05 农村农民权益

可以多申请一块宅基地吗？ /195
农村房屋继承?没问题 /197
农村承包地?不就是我的吗？ /200
征地补偿 /203
外嫁女能分征地补偿款吗？ /205

CHAPTER 06 常见法律问题解决指南

不请律师也能打一场漂亮的官司 /211
怎样订立一份"完美"的合同？ /226
到底什么是正当防卫？ /236
出了交通事故,该怎么办？ /243

法律无非柴米油盐

CHAPTER 01

职场必备的法律常识

从朋友圈到社交平台,再到各种短视频,"打工人"这三个字迅速走红,成了不少人自我调侃的梗。打工本来就不是一件丢人的事,反而能证明一个人自食其力、独立自强。

不过,各位"打工人"在打工致富的同时,也要谨防劳务纠纷。不管是在正规的大单位上班,还是在私人小企业工作,普通如你我,最好多了解一些入职、加班费、离职补偿等方面的法律常识,这样才能在必要的时候维护自己的权益。

一、入职

◆ 符不符合录用条件，谁说了算？

万事开头难，对很多人来说，入职便是一个不小的挑战。大家入职前要面对的第一个问题就是，了解清楚企业的具体录用条件。

以前我们找一份工作，可以通过电视、报纸获取招聘信息。而现在，一般会去各类求职网站看各个公司的招聘信息。这些招聘信息中会罗列一些详细的入职条件，比如工作经验、学历、年龄范围，以及其他各种条件，以上均是常见的录用条件。

看到这里，大家对"录用条件"的概念已经有了基本了解。但我想告诉你的是，法律赋予了用人单位或者说老板一个很强的"撒手锏",希望大家能提前了解,避免踩坑。

在讲这个"撒手锏"前,我有必要先强调一下劳动领域的立法原则。法律对劳动者也就是"打工人"的保护,是非常充分甚至是具有倾斜性的。世界各国莫不如是。

以我这十几年给多家公司担任法律顾问积累的经验来看,公司与员工产生劳动争议后闹到仲裁、打官司的地步,83%以上的案子都是劳动者胜诉,而且胜得很彻底。该数据来自我们团队进行的统计。

那么,是不是用人单位就很弱势了呢?是的!

但就是因为这一点,法律开恩,给了老板一个"撒手锏"——如果在试用期能够证明你不符合录用条件,对不起,公司不用给予任何补偿,可以随时通知你走人。

以下是《中华人民共和国劳动合同法》(以下简称《劳动合同法》)的相应条款。

法 条

《劳动合同法》第三十九条 劳动者有下列情形之一的,用人单位可以解除劳动合同:

(一) **在试用期间被证明不符合录用条件的;**

(二) 严重违反用人单位的规章制度的;

(三) 严重失职,营私舞弊,给用人单位造成重大损害的;

(四) 劳动者同时与其他用人单位建立劳动关系,对完成本单位的工作任务造成严重影响,或者经用人单位提出,拒不改正的;

(五) 因本法第二十六条第一款第一项规定的情形致使劳动合同无效的;

(六) 被依法追究刑事责任的。

这样看来,劳动者在求职中十分被动。那怎么办?是否符合录用条件又该怎么界定呢?

其实,劳动者想保护自己权益的解决之道在此:

第一，我们要把招聘网站上该公司注明录用条件的网页截图复制、留存，事先留一手。这样可以证明入职时自己的真实资料已经完全符合该公司的要求，避免产生纠纷时没有对证。

第二，如果公司玩套路，在你试用期的最后一天，突然搞一个所谓的苛刻"考核"，然后，通知你不符合录用条件，不予录用，那么你可以直接进行反驳：这种说法无效。

为什么无效？

因为在司法审判实践中，对于劳动者在试用期间不符合录用条件的，用人单位必须提供有效的证明，这就要求录用条件在劳动者入职前必须事先列明。

如果公司在试用期最后一天才把这个录用条件抛出来，完全属于用人单位没有事先列明搞"偷袭"，那劳动者不用符合这些所谓的"录用条件"。当然，走也可以，但属于公司主动解除劳动合同，需要进行经济补偿。

案例

刘某于2021年3月12日入职某公司，约定岗位为销售总监，试用期一个月，试用期工资为20000元/月。

2021年4月11日,该公司以刘某在试用期间的表现和能力与公司要求不符为由,主张其试用期考核不合格,向刘某发送了试用期辞退通知书。

刘某觉得自己在试用期内的表现没有问题,公司属于无故辞退自己,是违法解除劳动关系,侵犯了自己的合法权益,于是申请了劳动仲裁。最终,仲裁裁决的结果是公司需支付刘某违法解除劳动关系赔偿金20000元(为约定的试用期一个月的工资)。公司不服仲裁结果,于是起诉至法院。

之后,公司为证明刘某试用期考核不合格,提交了几份资料,包括员工手册、考勤表、刘某工作期间的两次演讲考核的成绩等,但刘某表示没有见过员工手册,演讲考核的指标的真实性也存疑,刘某表示其演讲时没有见过表格,上面的签字也不是本人所签。

看到了吧,只要公司拿不出录用伊始关于"录用条件"已经告知给刘某的证据,刘某一句话就能轻松抗辩。截至截稿之日,本案尚在审理,不过笔者认为维持原仲裁裁决的可能性极大。

另外，我们来说明一下"招聘条件"和"录用条件"的区别。

在我看来，招聘条件是录用条件的"开胃菜"，或者说是"前奏"，录用条件往往包含了招聘条件，或者可以等于招聘条件。

因为用人单位为了吸引更多求职者的注意，往往把招聘广告上的招聘条件写得十分简单，而面试时会对求职者进行更多的了解，并细谈录用条件。如果此时入职者符合录用条件，那他也肯定符合"简简单单"的招聘条件。

如果用人单位仅依据招聘广告上的招聘条件就让你入职，面试时并未商谈其他入职条件，或用人单位压根儿没有证据能证明你入职时商谈过其他条件，则"招聘条件"会成为审判实践中确定"录用条件"的重要依据。

◆ 录用通知书的妙用

当用人单位决定录用劳动者后，通常正规的公司会发一份录用通知书，英文叫"offer letter"。很多朋友觉得这只是一个程序性事项，往往不太在意这张纸或这封邮件，那就大错特错了！

实际上，录用通知书和劳动合同一样，都属于具有法律效力的文书。不同的是，录用通知书受《中华人民共和国民法典》（以下简称《民法典》）合同编规范，而劳动合同受《中华人民共和国劳动法》（以下简称《劳动法》）、《劳动合同法》以及其他劳动法律法规约束。

如果仔细查看录用通知书的内容，就会发现上面有很多重要的详细信息，比如到公司报到的时间、地点、工资待遇、福利等。看到这里是否觉得眼熟？没错，这和大家正式入职后签订的劳动合同类似。

那么，如果出现录用通知书中一条或几条和正式的劳动合同有出入的情况，我们应该以哪个为准呢？

很多老板想当然地认为以劳动合同为准。他们的理由有三：第一，该合同已在人力资源和社会保障局备案；第二，有双方的书面签字认可；第三，录用通知书只是公司单方面给劳动者的文本，公司可以单方面修改。其实，老板的理解并非完全正确。

现实生活中，就有人遇到了录用通知书与劳动合同的内容有"正面冲突"，造成薪资待遇不同的情况。

案例

2021年7月,刘某经过多轮面试,收到某公司的录用通知书,其中注明了职位、主要工作职责、工作地点、入职要求、工资待遇等。其中,公司允诺薪资为10000元/月。

我们以该案例中的内容为前提,分析两种情况:

一种情况是,公司将原定的月薪10000元,改成月薪8000元,如果劳动合同签订在后,属于双方达成了新的合意,应当以劳动合同中的月薪8000元为准。

另一种情况是,如果录用通知书中明确约定好年终奖金20000元,但后签订的劳动合同中没有写。因此,用人单位说,就算没写也是达成了新的合意。而且劳动者在劳动合同上签字同意了,所以年底可以不发奖金。看到此处先别慌,如果录用通知书中没有明确记载"若本通知书与劳动合同内容不一致产生争议,以劳动合同为准"之类的文字,那前面所说的立法精神就体现出来了。

自然要给出有利于"打工人"也就是劳动者的合理解释。你完全可以有理有据地回复对方:"老板,虽然咱

> 们双方后签订的劳动合同中未约定年终奖金,但也未明确约定要取消录用通知书中的年终奖金,所以,对不起,该奖金不发可不行。"

除此之外,还需要记住一个非常重要的点。自2021年元旦开始,《民法典》已经正式实施,其中的合同编对要约和承诺有相关规定。

以下相关法律依据,出自《民法典》。

法条

第四百七十一条 当事人订立合同,可以采取要约、承诺方式或者其他方式。

第四百七十二条 要约是希望与他人订立合同的意思表示,该意思表示应当符合下列条件:

(一)内容具体确定;

(二)表明经受要约人承诺,要约人即受该意思表示约束。

第四百七十八条　有下列情形之一的,要约失效:

(一)要约被拒绝;

(二)要约被依法撤销;

(三)承诺期限届满,受要约人未作出承诺;

(四)受要约人对要约的内容作出实质性变更。

第四百七十九条　承诺是受要约人同意要约的意思表示。

第四百八十条　承诺应当以通知的方式作出;但是,根据交易习惯或者要约表明可以通过行为作出承诺的除外。

第四百八十一条　承诺应当在要约确定的期限内到达要约人。要约没有确定承诺期限的,承诺应当依照下列规定到达:

(一)要约以对话方式作出的,应当即时作出承诺;

(二)要约以非对话方式作出的,承诺应当在合理期限内到达。

第四百八十三条　承诺生效时合同成立,但是法律另有规定或者当事人另有约定的除外。

因此，公司给劳动者发送的录用通知书，是一份法律意义上的"要约"。如果劳动者接收了这份录用通知书，并带着它到公司报到，就是所谓的"承诺"。在有"要约"也有"承诺"的情况下，合同成立。除非该合同有违法之处，否则不得推翻！

因此，特别提醒大家，无论如何要保留好录用通知书，关键时刻有大用。

● 体检是必须的吗？

当你拿着录用通知书到公司报到，是否以为接下来就是顺利地入职，自己将被直接安排到工作岗位呢？

其实不一定，很多单位从健康安全角度考虑，要求新入职的员工进行体检。当然，这个要求无可厚非。

你的检查结果显示身体健康还好，但如果在体检过程中查出了一些不宜参与该工作的疾病，或者某些传染性疾病，公司有权拒绝新人入职，这是法律允许的。

> **法条** ⚖
>
> 《劳动合同法》第八条 用人单位招用劳动者时,应当如实告知劳动者工作内容、工作条件、工作地点、职业危害、安全生产状况、劳动报酬,以及劳动者要求了解的其他情况;**用人单位有权了解劳动者与劳动合同直接相关的基本情况,劳动者应当如实说明。**

但是,有些疾病不可以专门对劳动者检测,就是所谓的不得涉嫌歧视性体检。只听概念会觉得太过空洞,我可以举一个最典型的例子,就是**不允许入职时检测乙肝表面抗原。**

乙肝不具有传染性,公司不能在体检时检测该项目,就算检测出入职人员患有乙肝,公司也负有保密义务。

如果以这个为由不让入职,我们完全可以依法提起劳动争议仲裁,或者给劳动监察大队打电话举报。最终结果只有一个:**允许入职,外加行政处罚!**

案例

2020年12月21日,李某参加某公司面试,于一周后得知面试通过,公司告知他入职体检合格后,可以办理入职手续。在进行入职体检时,体检中心称该公司要求必须检查乙肝表面抗原,并让李某签下"自愿"材料。李某考虑到很喜欢这份工作,虽然自知是乙肝病毒携带者,仍然签字检查。检查结果就是乙肝表面抗原阳性。

而在原定入职的日子,李某接到人事部的解聘通知,称因乙肝问题,拒绝录用。对此,李某认为公司做法不合理,侵犯了自己的人格权和平等就业权,将公司告上法庭。

李某遇到的问题属于较为典型的就业歧视。其他劳动者如果遇到此类情况,除了可以向劳动保障行政部门投诉用人单位外,还可以向卫生行政部门投诉就业体检医疗机构。

另外,必须提醒大家,不要随意签署"自愿"材料。

法 条

《中华人民共和国就业促进法》第三十条 用人单位招用人员,**不得以是传染病病原携带者为由拒绝录用。**但是,经医学鉴定传染病病原携带者在治愈前或者排除传染嫌疑前,不得从事法律、行政法规和国务院卫生行政部门规定禁止从事的易使传染病扩散的工作。

《关于进一步规范入学和就业体检项目维护乙肝表面抗原携带者入学和就业权利的通知》

一、进一步明确取消入学、就业体检中的乙肝检测项目

医学研究证明,乙肝病毒经血液、母婴及性接触三种途径传播,日常工作、学习或生活接触不会导致乙肝病毒传播。各级各类教育机构、用人单位在公民入学、就业体检中,不得要求开展乙肝项目检测(即乙肝病毒感染标志物检测,包括乙肝病毒表面抗原、乙肝病毒表面抗体、乙肝病毒 e 抗原、乙肝病毒 e 抗体、乙肝病毒核心抗体和乙肝病毒脱氧核糖核苷酸检测等,俗称"乙肝五项"和

HBV-DNA 检测等,下同),**不得要求提供乙肝项目检测报告,也不得询问是否为乙肝表面抗原携带者。**各级医疗卫生机构不得在入学、就业体检中提供乙肝项目检测服务。因职业特殊确需在入学、就业体检时检测乙肝项目的,应由行业主管部门向卫生部提出研究报告和书面申请,经卫生部核准后方可开展相关检测。经核准的乙肝表面抗原携带者不得从事的职业,由卫生部向社会公布。军队、武警、公安特警的体检工作按照有关规定执行。

入学、就业体检需要评价肝脏功能的,应当检查丙氨酸氨基转移酶(ALT,简称转氨酶)项目。对转氨酶正常的受检者,任何体检组织者不得强制要求进行乙肝项目检测。

二、进一步维护乙肝表面抗原携带者入学、就业权利,保护乙肝表面抗原携带者隐私权

县级以上地方人民政府人力资源社会保障、教育、卫生部门要认真贯彻落实就业促进法、教育法、传染病防治法等法律及相关法规和规章,切实维护乙肝表面抗原携带者公平入学、就业权利。各级各类教育机构不得以学生携带乙肝表面抗原为由拒绝招收或要求退学。除卫生

> 部核准并予以公布的特殊职业外,健康体检非因受检者要求不得检测乙肝项目,用人单位不得以劳动者携带乙肝表面抗原为由予以拒绝招(聘)用或辞退、解聘。有关检测乙肝项目的检测体检报告应密封,由受检者自行拆阅;任何单位和个人不得擅自拆阅他人的体检报告。

◆ 入职保证金、保证人是什么?

当你通过面试、体检,成功入职后,依旧需要擦亮眼睛看一看这家公司是否靠谱!切记其中一个坑就是,只要公司让大家交什么"培训费""保证金",或者让你找一个在当地有工作、有户籍的"保证人",都是典型的违法行为!

其实,我能理解这些公司提此类要求的出发点,像一些特殊的岗位,比如财务、安保等,公司不愿意让不知底细的陌生人参与,或者说更希望找一个知根知底的人任职。如果你是公司老板,可能也会这样想,但没办法,法律就是法律,这么做就是违法。

> **法 条**
>
> 《劳动合同法》第九条 用人单位招用劳动者,不得扣押劳动者的居民身份证和其他证件,不得要求劳动者提供担保或者以其他名义向劳动者收取财物。
>
> 《劳动合同法》第八十四条 用人单位违反本法规定,扣押劳动者居民身份证等证件的,由劳动行政部门责令限期退还劳动者本人,并依照有关法律规定给予处罚。
>
> 用人单位违反本法规定,以担保或者其他名义向劳动者收取财物的,由劳动行政部门责令限期退还劳动者本人,并以每人五百元以上二千元以下的标准处以罚款;给劳动者造成损害的,应当承担赔偿责任。

你是否觉得上面的规定不讲人情、不接地气?恰恰相反,法律正是为了保护我们"打工人"才这样规定的。因为有很多不良公司,借大家想要迫切入职的心情进行敛财。

实际上,这种公司可能根本没有一个固定岗位,他们把人招进来,不是为了用工,而是恶意地想算计你的保证金。

假设一个人要交一万元保证金,听起来不多,可他们要是招一百个、一千个、一万个人呢?这就涉嫌犯罪了,叫作"非法吸收公众存款罪"或者是"集资诈骗罪"。

说了不允许交保证金,那找保证人是不是就可以了呢?我们团队刚好办理过一个案子,咱们以案说法吧。

案例

三年前,某公司让劳动者在入职时,找个当地的保证人。该保证人很有名望,也很有资财。但无巧不成书,这位职场新人,由于工作失误,给公司造成了七百多万的损失。公司不肯善罢甘休,于是,把劳动者、保证人一并告上了法庭。

公司给出的理由很简单,因为《中华人民共和国担保法》[1]及现行《民法典》合同编都有明确规定,保证人应当和债务人(劳动者)一起承担连带责任。

但最后的结果出乎公司的意料——劳动者该赔多少

---

[1] 当时《民法典》未出台,《中华人民共和国担保法》仍然有效。

就赔多少,所谓的"保证人"不承担任何责任。

  主要理由是:公司在劳动者入职时,要求劳动者提供保证人,本身就违反了《劳动合同法》第九条的强制性规定,无论是已失效的《中华人民共和国民法通则》《中华人民共和国民法总则》,还是现行的《民法典》,法律规定均不予支持!

法条

  《民法典》第一百五十三条　违反法律、行政法规的强制性规定的民事法律行为无效。但是,该强制性规定不导致该民事法律行为无效的除外。

  违背公序良俗的民事法律行为无效。

  当然,劳动者的资产无法承担赔偿责任,但公司也没办法,他们的巨额损失不能找"土豪"保证人追究。

这个规定体现了一个重要的法律适用理念,我有必要跟大家强调一下:

一些劳动领域的特别法律,比如《劳动合同法》,是要优于《民法典》中关于"担保物权"及"保证合同"的一般性规定的,《劳动合同法》是特别法,而《民法典》是一般法。

记住这几个字:特别优于一般。

如果你一旦陷入了纠纷,可以先看看该领域有没有特别法,如果有,优先适用特别法;如果没有,才考虑一般法的规定。这也是法律实务中律师的基本指导思想之一。

二、劳动合同中的小秘密大问题

● 公司不和我签劳动合同怎么办？

在上个板块，我们学习了如何识别入职过程中可能会遇到的几个深坑。经历了艰难的开头，后面是否就能一帆风顺呢？比如，跟公司顺利签订正式的劳动合同。

劳动合同是判断我们跟公司之间各种权利与义务的根本依据。但稍不注意，其中也会有更多坑等着大家。来，跟我一起继续学习法律知识，教大家如何一一避开。

首先，法律规定只要我们在为公司打工，那该公司就必须和我们签订劳动合同！这一点毋庸置疑，这是公司的义务。

> **法 条** ⚖️
>
> 《劳动合同法》第十条　建立劳动关系,应当订立书面劳动合同。
>
> 已建立劳动关系,未同时订立书面劳动合同的,应当自用工之日起一个月内订立书面劳动合同。
>
> 用人单位与劳动者在用工前订立劳动合同的,劳动关系自用工之日起建立。

但是如果有的公司就是要顶风违法,不跟员工签合同,还美其名曰"想来就来,想走就走,一拍两散,来去自由",我们该如何应对呢?

其实很简单,先说法律层面的保障。从各位"打工人"入职这一天算起,满一年还没有签劳动合同的,公司必须额外给你11个月的工资。注意,是额外!就是除了你原本该得的12个月薪水外,还可以再拿11个月的工资。

案 例

2019年11月,韩某通过人力资源服务公司入职某电子公司。韩某称自己在职期间工作认真,但一年后,她接到领导通知,要求她签署一份辞退书。

韩某称其入职一年间,电子公司未与她签署劳动合同。因此,韩某按照每月工资3800元的标准,要求公司补偿她4万元。而公司给出的辞退原因是,韩某在职期间不服从管理,由于电子公司属于流水线模式,她长时间离开工位给他人造成影响,所以受到同事举报。公司按照管理流程辞退员工。

在这个案件里,首先,企业不与劳动者签署劳动合同,韩某申请补偿是合理诉求;其次,如果已签订劳动合同,企业完全可以在法定情形下,协商解除劳动合同或者非过错性解除劳动合同。可见,无论如何,对双方而言,签订劳动合同都是一件重要的事情。

如果有公司在员工正式入职一年后也不签署劳动合同,那恭喜你,公司必须和你签署**无固定期限劳动合同**。

> **法 条** ⚖️
>
> 《中华人民共和国劳动合同法实施条例》(以下简称《劳动合同法实施条例》)第七条 用人单位自用工之日起满一年未与劳动者订立书面劳动合同的,自用工之日起满一个月的次日至满一年的前一日应当依照劳动合同法第八十二条的规定向劳动者每月支付两倍的工资,并视为自用工之日起满一年的当日已经与劳动者订立无固定期限劳动合同,应当立即与劳动者补订书面劳动合同。

以前老一辈不是经常说"铁饭碗"吗,用来形容某一份长久且稳定的工作,无固定期限劳动合同也有类似的含义,当然两个并不相等,还是有一些细节上的差异。但简单一些的解释是:只要我不主动离职,不违法,不犯罪,没有严重的违规违纪,公司就不可以随便开除我。

法 条

无固定期限劳动合同的法律依据如下:

《劳动合同法》第十四条 无固定期限劳动合同,是指用人单位与劳动者约定无确定终止时间的劳动合同。

用人单位与劳动者协商一致,可以订立无固定期限劳动合同。有下列情形之一,劳动者提出或者同意续订、订立劳动合同的,除劳动者提出订立固定期限劳动合同外,应当订立无固定期限劳动合同:

(一)劳动者在该用人单位连续工作满十年的;

(二)用人单位初次实行劳动合同制度或者国有企业改制重新订立劳动合同时,劳动者在该用人单位连续工作满十年且距法定退休年龄不足十年的;

(三)连续订立二次固定期限劳动合同,且劳动者没有本法第三十九条和第四十条第一项、第二项规定的情形,续订劳动合同的。

用人单位自用工之日起满一年不与劳动者订立书面劳动合同的,视为用人单位与劳动者已订立无固定期限劳动合同。

● **我不想和公司签！**

前面我们讲了公司不跟我们签订劳动合同的情况，但现实中也可能出现你不想跟公司签的情况。比如，你可能在别的公司还有一份工作，眼下不想和这家公司签劳动合同，那这家公司该怎么办呢？

如果公司的 HR 没有法律意识，很可能随手打印一份所谓的承诺书，让你写明出于劳动者个人原因，主动放弃签署劳动合同，责任自负。但事实上，这是公司给自己挖了一个坑。

而我作为律师的建议是，如果公司发现劳动者不积极配合签署合同，那公司一定要抓紧时间解决这个问题。

最好在劳动者入职一个月以内，赶紧补签，这样做最稳妥，也不用额外支付任何费用。

如果一个月过后、一年之内还没签，公司可以跟劳动者提出不签合同就不能继续上班，额外支付一个月的经济补偿金。这种情况还不算太糟糕。

那最让公司抓狂的情况是什么？是劳动者超过一年还没有和公司签劳动合同。无论是谁的原因，只要结果是没签，那我们上文所说的那种情况就出现了。公司必须签无固定期限劳动合同。

案例

周某是深圳一家公司的普通员工,员工入职后公司要求签订书面的劳动合同,但周某拒绝签订,他认为劳动合同是对自己的束缚。公司方面很无奈,让周某签署了一份声明,声明中有周某签名,于是公司方就没再要求员工签订劳动合同。

一年后,周某因为工作中的问题,提出仲裁请求,要求公司支付未签订劳动合同的双倍工资17万余元。公司觉得冤枉,不愿支付。周某承认声明的真实性,但主张不签订劳动合同的原因是其中条款不公平,因而实质责任在公司一方。最终,周某的请求得到了支持。

为什么法律对公司的要求这么苛刻?因为法律对公司规定了两个义务,一个是通知义务,另一个是拒签义务。

通知义务很简单,就是公司必须及时通知劳动者来签订劳动合同。那拒签义务是什么意思呢?

通俗来讲,就是公司一旦发现劳动者不想签合同,就有义务"炒鱿鱼"。如果你不"炒鱿鱼",也不签合同,那么法律就会视公司存在"恶意"。这样看来公司还挺冤枉的,本来是劳动者不想签,怎么一年以后,惩罚对象就变成自己了?这是因为**立法精神是要最大限度地保护劳动者权益**。所以,老板们,一定要慎重对待劳动合同的签订啊!

法条

《劳动合同法》第八十二条　用人单位自用工之日起超过一个月不满一年未与劳动者订立书面劳动合同的,应当向劳动者每月支付二倍的工资。

用人单位违反本法规定不与劳动者订立无固定期限劳动合同的,自应当订立无固定期限劳动合同之日起向劳动者每月支付二倍的工资。

《劳动合同法实施条例》第五条　自用工之日起一个月内,经用人单位书面通知后,劳动者不与用人单位订立书面劳动合同的,用人单位应当书面通知劳动者终止劳

> 动关系，无需向劳动者支付经济补偿，但是应当依法向劳动者支付其实际工作时间的劳动报酬。
>
> 《劳动合同法实施条例》第六条 用人单位自用工之日起超过一个月不满一年未与劳动者订立书面劳动合同的，应当依照劳动合同法第八十二条的规定向劳动者每月支付两倍的工资，并与劳动者补订书面劳动合同；劳动者不与用人单位订立书面劳动合同的，用人单位应当书面通知劳动者终止劳动关系，并依照劳动合同法第四十七条的规定支付经济补偿。
>
> 前款规定的用人单位向劳动者每月支付两倍工资的起算时间为用工之日起满一个月的次日，截止时间为补订书面劳动合同的前一日。

● 试用期到底有多久？

几年前，我们团队接待过一位准备入职某世界五百强企业的女高管。她刚被猎头挖过去，拿着一份劳动合同请我们团队的律师帮忙审查。我们发现合同很规范，基本没什么问题，但其中有一个不易察觉的细节：试用期是一年。

当我们提出这个问题的时候，女高管刚开始有点不以为意，她觉得试用期长点也没关系，反正各项福利待遇没什么区别。此言差矣，这依旧是个常见误区。

那我们先说说法律规定，**法律确实允许公司自行约定试用期的长短，但是有严格的限制。**

如果整个劳动合同的期限，在三个月以上，不到一年的，试用期不能超过一个月；如果劳动期限在一年以上不到三年的，不得超过两个月。

可能有人会问，如果再极端一点，劳动合同期限特别长，比如十年，那试用期可以相应地延长至一年、两年吗？

对不起，不能。

法律规定劳动合同的试用期，最长不能超过半年，也就是六个月！

所以，你如果有这方面的疑惑，不妨拿出劳动合同翻一翻，只要发现上面的试用期超过六个月，你就可以打当地劳动监察大队的电话，然后等着公司赔偿吧。

法 条

《劳动合同法》第十九条 劳动合同期限三个月以上不满一年的,试用期不得超过一个月;劳动合同期限一年以上不满三年的,试用期不得超过二个月;三年以上固定期限和无固定期限的劳动合同,试用期不得超过六个月。

同一用人单位与同一劳动者只能约定一次试用期。

以完成一定工作任务为期限的劳动合同或者劳动合同期限不满三个月的,不得约定试用期。

试用期包含在劳动合同期限内。劳动合同仅约定试用期的,试用期不成立,该期限为劳动合同期限。

《劳动合同法》第二十条 劳动者在试用期的工资不得低于本单位相同岗位最低档工资或者劳动合同约定工资的百分之八十,并不得低于用人单位所在地的最低工资标准。

我们分析到这里,女高管还没有感受到该公司的"恶意"。事实上,公司喜欢延长试用期的原因在于,有相应规定表明,试用期内，公司如果发现劳动者不符合录用条件，可以随时解约，且不需承担任何补偿。

虽然我在前面讲过，公司不能临时进行考核、不能额外拿出招聘时没有约定的"录用条件"来说事，但试用期内的"随时解约权"赋予了公司较大的空间，就像是悬在劳动者头顶上的一柄"达摩克利斯之剑"。因此，女高管在咨询结束后，立刻向公司提出了修改试用期条款的要求，依法维权，最终和公司达成一致，顺利入职。

法 条

《劳动合同法》第二十一条　在试用期中，除劳动者有本法第三十九条和第四十条第一项、第二项规定的情形外，用人单位不得解除劳动合同。用人单位在试用期解除劳动合同的，应当向劳动者说明理由。

《劳动合同法》第四十条　有下列情形之一的，用人单位提前三十日以书面形式通知劳动者本人或者额外支付劳动者一个月工资后，可以解除劳动合同：

（一）劳动者患病或者非因工负伤，在规定的医疗期

> 满后不能从事原工作,也不能从事由用人单位另行安排的工作的;
>
> (二)劳动者不能胜任工作,经过培训或者调整工作岗位,仍不能胜任工作的;
>
> (三)劳动合同订立时所依据的客观情况发生重大变化,致使劳动合同无法履行,经用人单位与劳动者协商,未能就变更劳动合同内容达成协议的。

"规章制度"真的是公司的大杀器?

在职场中,除了顶头上司,你最怕见到的还有谁?

我想大部分人的答案是:HR!

面对HR,"打工人"都很怕听到那句令人讨厌的话:"对不起,您违反了我们公司的规章制度,所以,要对您……"听完是不是很郁闷,也很无助?这时候,你需要合理运用"三十六计"之"釜底抽薪"了。

谁说公司的规章制度就一定有效呢?90%的"打工人"不知道,这份规章制度极有可能不具备法律效力,所以我们根本不用理会。

对此,你需要记住,拥有法律效力的规章制度需要具备三个法定条件。

第一个法定条件:必须经过民主程序。

公司确实可以制定一些规章制度,但是必须经过所有员工参与讨论,至少要有职工代表大会,必须有职工代表参与,由参与的职工代表盖章。但现实中,很多公司过于自信,老板一拍脑袋就出台一份规章制度,让大家去执行。可惜,它不具有法定的必备条件,无法生效。

退一步来说,就算有职工代表参与,也盖了章,它也不一定能生效。

这关系到了第二个法定条件:依法公示。如果公司已经制定了一份规章制度,那么必须告诉全体员工,如果员工不知道,只是通过HR口头传达,口头下发,没有证据证明是不行的。下面跟大家分享一个我曾参与的真实案例,方便各位理解。

案　例

> 劳资双方因为"规章制度"的纠纷闹到了仲裁委。公司方称自己已经在公司入口处,也就是员工上下班必经的地方张贴、公示了规章制度,不仅明显醒目,还连续张贴了一个月。
>
> 但劳动者的律师一句话反驳了公司的主张:"你们没有让员工签名啊!员工是去上班工作的,没有义务额外关注门口张贴的文字材料。就算入口处贴了几张纸,只要没让员工签字确认过,别说贴一个月,就是贴一年,也跟员工没有关系。"最终,公司败诉,仲裁委裁定该规章制度对劳动者无效。

而且,根据我给顾问单位培训的经验来看,真的有 90% 以上的老板和 HR,压根儿不知道这个细节。换个角度而言,就是有 90% 以上的可能性,你公司的规章制度对你无效!

可能就有人会疑惑了,自己公司的规章制度经过了工会盖章,也让劳动者本人签字确认了,是不是就必须承认了?

别太早放弃，还有第三个法定条件：内容合法。

如果公司制度规定，员工旷工三天要扣除全月工资，就违反了劳动法律关于"劳动者有权获取报酬"的规定，以及《民法典》规定的公平原则，因此无效！

例如，某家商场的制度规定，员工值班时出现货物被盗窃的情况，要从值班员工的工资里扣除相应的数额。但该员工正常上班，既没有过失，也不是侵权人，公司制度违反了《民法典》中关于侵权赔偿的规定，因此无效！

又如，如果一家烟花爆竹厂规定，员工抽烟两次就予以辞退，但一个网络公司，员工整天坐办公室熬夜，也规定发现抽烟两次，属于严重违纪要辞退，就不公平且不合理，因此无效！

简单来说，规章制度若不具备民主程序、依法公示和内容合法三个条件，一概无效！你眼前张贴的规章制度，就是一张没有任何作用的废纸！

以下内容为相关法律规定：

法 条

《劳动合同法》第四条　用人单位应当依法**建立和完善劳动规章制度**，保障劳动者享有劳动权利、履行劳动义务。

用人单位在制定、修改或者决定有关劳动报酬、工作时间、休息休假、劳动安全卫生、保险福利、职工培训、劳动纪律以及劳动定额管理等直接涉及劳动者切身利益的规章制度或者重大事项时，**应当经职工代表大会或者全体职工讨论，提出方案和意见，与工会或者职工代表平等协商确定。**

在规章制度和重大事项决定实施过程中，工会或者职工认为不适当的，有权向用人单位提出，通过协商予以修改完善。

用人单位应当将直接涉及劳动者切身利益的规章制度和重大事项决定公示，**或者告知劳动者。**

《劳动合同法》第三十八条　用人单位有下列情形之一的，劳动者可以解除劳动合同：

（一）未按照劳动合同约定提供劳动保护或者劳动条

件的；

（二）未及时足额支付劳动报酬的；

（三）未依法为劳动者缴纳社会保险费的；

（四）用人单位的规章制度违反法律、法规的规定,损害劳动者权益的；

（五）因本法第二十六条第一款规定的情形致使劳动合同无效的；

（六）法律、行政法规规定劳动者可以解除劳动合同的其他情形。

用人单位以暴力、威胁或者非法限制人身自由的手段强迫劳动者劳动的,或者用人单位违章指挥、强令冒险作业危及劳动者人身安全的,劳动者可以立即解除劳动合同,不需事先告知用人单位。

《劳动合同法》第八十条　用人单位直接涉及劳动者切身利益的规章制度违反法律、法规规定的,由劳动行政部门责令改正,给予警告；给劳动者造成损害的,应当承担赔偿责任。

《民法典》第六条　民事主体从事民事活动,应当遵循公平原则,合理确定各方的权利和义务。

《劳动法》第三条　劳动者享有平等就业和选择职业的权利、**取得劳动报酬的权利**、休息休假的权利、获得劳动安全卫生保护的权利、接受职业技能培训的权利、享受社会保险和福利的权利、提请劳动争议处理的权利以及法律规定的其他劳动权利。

劳动者应当完成劳动任务,提高职业技能,执行劳动安全卫生规程,遵守劳动纪律和职业道德。

● 让人又爱又恨的竞业禁止协议

你有没有听过"竞业禁止协议"这个词,是否知道它大概的意思?简单来说,就是要求劳动者从原公司离职后,需要保证一定期限内不在同行业工作。

法条 ⚖

《劳动合同法》第二十三条　用人单位与劳动者可以在劳动合同中约定保守用人单位的商业秘密和与知识产

> 权相关的保密事项。
>
> 　　对负有保密义务的劳动者，用人单位可以在劳动合同或者保密协议中与劳动者约定竞业限制条款，并约定在解除或者终止劳动合同后，在竞业限制期限内按月给予劳动者经济补偿。劳动者违反竞业限制约定的，应当按照约定向用人单位支付违约金。

　　它显然限制了劳动者的就业领域，听起来就有些苛刻，因此很多人不乐意签，但对公司来说好处多多，能够起到维护客户资源、保持团队稳定的作用。所以，当我们有朝一日从公司离职，很可能会收到 HR 拿出的一份竞业禁止协议，不签就不给离职证明。就算不乐意，大家也不得不委屈自己签了字。

　　正是因为竞业禁止协议对劳动者比较"苛刻"，所以法律规定，公司如果希望和劳动者签订该协议，也必须符合严格的条件，否则无效。

　　主要条件是两个：

　　第一个条件，竞业禁止的期限不能超过两年。

法 条

《劳动合同法》第二十四条 竞业限制的人员限于用人单位的高级管理人员、高级技术人员和其他负有保密义务的人员。竞业限制的范围、地域、期限由用人单位与劳动者约定，竞业限制的约定不得违反法律、法规的规定。

在解除或者终止劳动合同后，前款规定的人员到与本单位生产或者经营同类产品、从事同类业务的有竞争关系的其他用人单位，或者自己开业生产或者经营同类产品、从事同类业务的竞业限制期限，不得超过二年。

因此，不能无限制地禁止劳动者从事原行业。有些公司很"狡猾"，在协议中设定长达十年的竞业禁止期。人生可磨几个一技之长？又有几个十年可蹉跎？这种做法摆明了是砸劳动者的饭碗啊，其心可诛，令人发指。

第二个条件，用电影《绣春刀》里的一句台词来说，就是"得加钱"。

2021年1月1日之前，可以按照劳动者上一年度平均工资的 20%～50%，离职以后按月支付经济补偿。现阶段各个地区的强制性标准可能不太一样，需要劳动者自己查询，但我没见过低于 20% 的。

如果有公司在协议中仅约定了劳动者竞业禁止的内容，没有约定"加钱"以及"如何加钱"的内容，遇到这种情况大家不要慌，请看 2021 年 1 月 1 日最新施行的司法解释：

> **法　条**
>
> 《最高人民法院关于审理劳动争议案件适用法律问题的解释（一）》第三十六条　当事人在劳动合同或者保密协议中约定了竞业限制，但未约定解除或者终止劳动合同后给予劳动者经济补偿，劳动者履行了竞业限制义务，要求用人单位按照劳动者在劳动合同解除或者终止前十二个月平均工资的 30% 按月支付经济补偿的，人民法院应予支持。
>
> 前款规定的月平均工资的 30% 低于劳动合同履行地最低工资标准的，按照劳动合同履行地最低工资标准支付。

你看,有司法解释撑腰,最后公司还是得乖乖掏钱。

当然,在现实生活中,还有的公司自作聪明,说员工在职的时候,每月 20000 元薪水中有 3000 元是竞业禁止补偿金,等员工离职了,就不用再给了。

我可以负责任地告诉你,凡是在仲裁庭或法庭上这么说的公司,都败诉了。因为仲裁委和法院的审判原则是:公司要证明这 20000 元里,竞业禁止补偿金和工资是明确区别开的。

这个所谓的"区别开",不是指公司把工资流水上的类目予以区别,而是当初签订的劳动合同里,有没有约定竞业禁止补偿金的数额,有没有约定该笔钱会和每月薪水一并发放,等等。所以,大家不要一听到要签竞业禁止协议,就如临大敌。

记住上述这两个条件,当你发现 HR 递来的那份竞业禁止协议里有不符合法律规定的内容时,可以大大方方地签名。就算离职后第二天去同行业上班也没问题,面对老东家的质疑,你可以给对方四字回复:"你告我啊!"

当然,除了以上两个最重要的条件,劳动者还可以查看是否有其他不合理的条件。比如,竞业限制的人员主体是负有保密义务的劳动者，而不能把保洁人员也囊括在内，更不能把竞业限制的人员扩大到员工本人的父母、兄弟、七大姑八大姨，竞业限制的地域范围也要符合实际。

三、我的待遇究竟有哪些？

● 单休还是双休？

看到这里，大家都已经知道如何跳过入职阶段的大坑，也翻过了签订合同阶段的大山，那接下来是不是就可以顺利开始工作了呢？不过，又有一个新问题摆在眼前，就是各位"打工人"最关心的待遇问题。可以说，如果稍不留意，一样是前功尽弃，大家应当更加谨慎才是。

关于待遇，先来谈第一点：请问你每周休息几天？

听到这个问题，大家可能会有各种吐槽。法律规定"做五休二"，每天工作 8 小时，每周工作 40 小时，休息 2 天。

> **法　条** ⚖
>
> 《国务院关于职工工作时间的规定》第三条　职工每日工作 8 小时，每周工作 40 小时。
>
> 《国务院关于职工工作时间的规定》第七条　国家机关、事业单位实行统一的工作时间，星期六和星期日为周休息日。
>
> 企业和不能实行前款规定的统一工作时间的事业单位，可以根据实际情况灵活安排周休息日。

但真正做到"做五休二"的公司很少，不少公司要求员工"做六休一"。对此，可能会有人想问，公司的要求合理吗？他们可以这样做吗？

记住四个字：总量控制。

这其实是一道简单的算术题：每天工作 8 小时，每周工作 5 天，"总量"就是 40 个小时。所以，"做六休一"也不是完全不行。公司可以要求员工多上一天班，但总量不能超过 40 个小时。

举个例子,比如,一个人周一到周五,每天工作7个小时,周六工作5个小时,加起来还是40个小时。如果总量不超过,是没有问题的。**但是只要超过40个小时,公司就违法了,所以公司必须控制好40个小时的总量。至于是单休还是双休,可以自己选择。**

法 条

《劳动部关于〈中华人民共和国劳动法〉若干条文的说明》第三十八条　用人单位应当保证劳动者每周至少休息一日。

本条应理解为:用人单位必须保证劳动者每周至少有一次24小时不间断的休息。

《国务院关于职工工作时间的规定》第六条　任何单位和个人不得擅自延长职工工作时间。因特殊情况和紧急任务确需延长工作时间的,按照国家有关规定执行。

医疗期和病假是一回事吗？

人吃五谷杂粮，难免时有生病。所以劳动者因为生病向公司请病假，是一件非常正常的事。

大家都知道要在医院开一个证明，然后按照程序向公司请假签批。但你可能不知道还有一个概念叫"医疗期"，它和病假同样重要且关系紧密，不过，也因此有人经常混淆两者。

我觉得，非常有必要跟大家解释清楚。其实，"病假"和"医疗期"是两个不同的概念。

我们都知道医生开具的病假条，是根据病情做出的客观判断，不管治疗期是三天还是三年，都以客观实际为准。而"医疗期"是一个法律概念，它有固定的期限，在这个期限之内，公司不能和员工解除合同。医疗期是为了保护劳动者而设立的。

法 条

《企业职工患病或非因工负伤医疗期规定》第二条 医疗期是指企业职工因患病或非因工负伤停止工作治病休息不得解除劳动合同的时限。

> 《劳动法》第二十九条 劳动者有下列情形之一的,用人单位不得依据本法第二十六条、第二十七条的规定解除劳动合同:
>
> (一)患职业病或者因工负伤并被确认丧失或者部分丧失劳动能力的;
>
> **(二)患病或者负伤,在规定的医疗期内的;**
>
> (三)女职工在孕期、产期、哺乳期内的;
>
> (四)法律、行政法规规定的其他情形。

由此可知,医疗期还是挺人性化的。那它究竟有多长时间呢?

答案是不等。**根据实际工作年限和在本公司的工作年限,医疗期为 3 个月到 24 个月不等。**

法 条

《企业职工患病或非因工负伤医疗期规定》第三条 企业职工因患病或非因工负伤,需要停止工作医疗时,根

> 据本人实际参加工作年限和在本单位工作年限,给予三个月到二十四个月的医疗期:
>
> (一)实际工作年限十年以下的,在本单位工作年限五年以下的为三个月;五年以上的为六个月。
>
> (二)实际工作年限十年以上的,在本单位工作年限五年以下的为六个月;五年以上十年以下的为九个月;十年以上十五年以下的为十二个月;十五年以上二十年以下的为十八个月;二十年以上的为二十四个月。

大家还可以看下面的表格,对于"根据实际工作年限和在本单位的工作年限"的规定就一目了然了。

实际工作年限	本单位工作年限	医疗期
10年以下	5年以下	3个月
	5年以上	6个月
10年以上	5年以下	6个月
	5年以上10年以下	9个月
	10年以上15年以下	12个月
	15年以上20年以下	18个月
	20年以上	24个月

案例

2019年2月,庄某某入职某公司,双方签订了为期2年的劳动合同。入职1年后,庄某某一直患病休病假。在庄某某医疗期内,公司向他发出了终止劳动合同通知书,以双方劳动合同期满为由,终止双方的劳动合同。庄某某认为自己还在医疗期,公司终止劳动合同违反法律规定,因此申请仲裁,要求公司继续履行劳动合同。

仲裁委审理后认为,按照庄某某的累计工作年限和他在该公司的工作年限,判定庄某某的医疗期应为3个月。因此,公司终止劳动合同时,**他尚在规定的医疗期内,故裁决该公司继续履行劳动合同。**

当然,关于断断续续的病假计算问题,也有一个累计计算方法:

享受3个月医疗期的,以6个月内累计的病假时间计算;享受6个月医疗期的,以12个月内累计的病假时间计算;享受9个月医疗期的,以15个月内累计的病假时间计算;享受12个月医疗期的,以18个月内累计的病假时间计算;享受18个月医疗期的,以24个月内累计的病假时间计算；享受 24 个月医疗期的，以 30 个月内累计的病假时间计算。

法 条

《企业职工患病或非因工负伤医疗期规定》第四条 医疗期三个月的按六个月内累计病休时间计算；六个月的按十二个月内累计病休时间计算；九个月的按十五个月内累计病休时间计算；十二个月的按十八个月内累计病休时间计算；十八个月的按二十四个月内累计病休时间计算；二十四个月的按三十个月内累计病休时间计算。

但需要注意的一点是，医疗期是连续计算的，其中包括公休日和节假日。《劳动部关于贯彻〈企业职工患病或非因工负伤医疗期规定〉的通知》规定，关于医疗期的计算问题，病休期间，公休、假日和法定节日包括在内。

说到这里,大家应该明白了医疗期的含义。

像前面说的,在此期间公司不可以解除劳动合同,那如果医疗期结束了,劳动者的病还没好,公司可以解除劳动合同吗?

这个问题的答案是,公司可以解除。也就是说**医疗期满尚未痊愈**,经劳动能力鉴定委员会确认不能从事原工作,也不能从事用人单位另行安排的工作的,企业可以解除或终止劳动合同。

当然,公司该给劳动者的经济补偿金和医疗补助费也不能少。用一句话总结就是:**疾病不可预知,但在一定的医疗期内,法律保护我们的就业机会。**

法条

以下为相关法律依据:

《企业职工患病或非因工负伤医疗期规定》第七条企业职工非因工致残和经医生或医疗机构认定患有难以治疗的疾病,医疗期满,应当由劳动鉴定委员会参照工伤与职业病致残程度鉴定标准进行劳动能力的鉴定。被鉴定为一级至四级的,应当退出劳动岗位,解除劳动关系,并办理退休、退职手续,享受退休、退职待遇。

> 《企业职工患病或非因工负伤医疗期规定》第八条 医疗期满尚未痊愈者,被解除劳动合同的经济补偿问题按照有关规定执行。

◆ 加班常有,而加班费不常有

我之前看过一个统计数据,盘点最让"打工人"反感的事,排名第一的就是加班。那我们也来说一说加班这件事。

曾经,有一位大公司老板吐槽说:"我们虽然每天让员工加 2 个小时班,可绝对'公平',加班费一分钱不少,都做到这份儿上了,员工还有什么不乐意的!"

显然,这位老板有点想当然了。

公司让员工加班可以,而加班费本来就应该给,但有一点老板们必须牢记——加班有严格限制,每天加班时间不得超过 1 个小时!

当然,也会有些特殊情况,比如疫情期间,有公司加班加点生产口罩、药品,这样员工加班时间可以适当延长,但是每天也不得超过 3 个小时。

请注意，这里有一项兜底条款，不管是每天加班 1 小时也好，还是特殊情况下加班 3 小时也罢，**每个月的总加班时长不得超过 36 个小时！**

> ### 法 条
>
> 《劳动法》第四十一条　用人单位由于生产经营需要，经与工会和劳动者协商后可以延长工作时间，一般每日不得超过一小时；因特殊原因需要延长工作时间的，在保障劳动者身体健康的条件下延长工作时间每日不得超过三小时，但是每月不得超过三十六小时。

除此之外，还有一些更加特殊的情况，比如发生自然灾害或者安全事故，如果不及时处理将会造成严重人员伤亡和财产损失。为了公众的人身安全和财产安全，总会有一些"英雄"挺身而出，不顾自身安危，不辞辛劳，连续作战抢险，这种情况是不受法律规定中的"加班时间"限制的。

法 条

《劳动法》第四十二条 有下列情形之一的,延长工作时间不受本法第四十一条规定的限制:

(一)发生自然灾害、事故或者因其他原因,威胁劳动者生命健康和财产安全,需要紧急处理的;

(二)生产设备、交通运输线路、公共设施发生故障,影响生产和公众利益,必须及时抢修的;

(三)法律、行政法规规定的其他情形。

但像上述那个老板那样,为让公司多挣钱,要求员工每天加班2个小时,每周5个工作日,一个月加班时间就达到了40个小时,这是典型的违法行为了。

案 例

在某有限公司从事外勤工作的张某,工作期间周一至周五,每天加班4个小时,周六、周日加班8个小时,节假日也无休息。

> 但该公司却未依法足额支付张某加班费,也没安排带薪年休假,张某无奈被迫辞职。在与公司协商未果、申请劳动监察大队介入依然无效的情况下,张某申请仲裁,主张公司支付其加班费、经济补偿金、经济赔偿金、高温津贴等各项补偿,并提供了工作期间公司发放工资的工资条等基本证据,证明加班事实。
>
> 最终,仲裁裁决该公司需在裁决生效之日起十五日内支付张某主张的各项补偿,张某最大限度地维护了自身权益。

我们知道了加班的总量后,如何计算加班费呢?

其实很简单,工作日加班,150%的工资;休息日(周六、周日)加班,200%的工资;法定节假日(春节、国庆节等)加班,300%的工资。

当然,数字计算很简单,但维护权利很关键,大家一定要学会运用法律保障自己的合法权益。

> **法条**
>
> 《劳动法》第四十四条　有下列情形之一的,用人单位应当按照下列标准支付高于劳动者正常工作时间工资的工资报酬：
>
> (一) 安排劳动者延长工作时间的,支付不低于工资的百分之一百五十的工资报酬；
>
> (二) 休息日安排劳动者工作又不能安排补休的,支付不低于工资的百分之二百的工资报酬；
>
> (三) 法定休假日安排劳动者工作的,支付不低于工资的百分之三百的工资报酬。

◆ 加班还是值班，这很重要

当你知道加班的极限和加班费的数额后,是否能从容应对老板的加班要求了？事实上,劳动者还需要明确"加班"和"值班"之间的差别。有些老板会故意拿"值班"混淆是非,虽然只是一字之差,但意思谬以千里。

如果你勤勤恳恳加了班,要求公司支付加班费,但公司不承认,还说你是在值班。如果被判定成值班,就不能按照前面所说的加班费标准支付。

其实,在司法实践中区分加班和值班很简单。

加班是指额外从事你的本职工作、生产性质的工作。比如,你的岗位是出纳,如果公司让你额外地继续在原岗位工作,这是加班;如果给你安排的是其他非本职工作、非生产性的工作,让你在假日负责消防、安保等,就是值班。

弄清楚了这两个概念,也就知道差别在哪里了。

值班给付的是正常工资,好一些的单位可能会有微薄的值班津贴;而加班必须给加班费。因此,很多老板为了少付点钱,就喜欢钻这样的空子。

案 例

物业公司电工陈某,在上班期间岗位实行"做一休二"的轮班制,即工作 24 小时,休息 48 小时,不分节假日和公休日,只要当班就必须在岗 24 小时。陈某出于身体原因,向公司提出调换工作时间,但公司表示已经实行轮班制多年,无法调整,陈某无奈之下选择离职。

在解除劳动关系后,陈某提出物业公司需予以补偿,支付他在职期间的加班费。物业公司拒绝了陈某的要求,并指出在当班的 24 小时内,晚上可以适当休息,算值班。此外,物业岗位实行的是非标准工时制,不用支付加班费。

随后,陈某到劳动争议调解中心寻求帮助,在调解过程中,发现物业公司主张的"非标准工时制"不成立,这一制度并没有获得劳动行政部门批准,物业公司仍需按照标准工时制计算工作时长,因此公司需支付加班费。最终,经过调解,物业公司和陈某就加班费赔偿达成一致,并签订了调解协议书,陈某获得了一次性支付的加班费。

法 条

《劳动法》第四十三条　用人单位不得违反本法规定延长劳动者的工作时间。

业绩提成是不是工资？

在现实生活中，不少人从事销售工作，公司为了调动销售人员的积极性，大多会给销售岗位制定销售提成制度，在招聘启事上也明白写着，底薪加业绩提成。

那么，就出现了一个新问题，业绩提成是工资吗？这可是一个涉及真金白银的现实问题。

将来你一旦离职或者公司违法单方解除劳动合同，像经济补偿金、经济赔偿金等都是按照工资基数进行计算的。这时，如果把你之前的业绩提成计算在内，获得的各项补偿金将增加很多。如果业绩提成不是工资，那就简单了。这对员工来说属于额外的奖励，是福利待遇，将来计算各种补偿金则不考虑这部分。

法条

《劳动合同法》第四十七条 经济补偿按劳动者在本单位工作的年限，每满一年支付一个月工资的标准向劳动者支付。六个月以上不满一年的，按一年计算；不满六

> 个月的,向劳动者支付半个月工资的经济补偿。
>
> 　　劳动者月工资高于用人单位所在直辖市、设区的市级人民政府公布的本地区上年度职工月平均工资三倍的,**向其支付经济补偿的标准按职工月平均工资三倍的数额支付,向其支付经济补偿的年限最高不超过十二年。**
>
> 　　本条所称月工资是指劳动者在劳动合同解除或者终止前十二个月的平均工资。

　　从上述规定可以看出,公司当然不愿意承认业绩提成是工资。但各位"打工人"需要记住,业绩提成是工资!它是"计件工资"的一种方式。只要事先有约定,无论招聘启事、劳动合同或规章制度中是否有书面体现,都应当认定为《劳动法》第四十七条中"自主确定本单位的工资分配方式和工资水平"的具体体现。

　　这是有法可依的,因此,如果你从事的是销售岗位,不妨在勤恳工作的同时,留心保存好书面证据,未雨绸缪,为保障自己的合法权益增加一份筹码。

法 条

以下为相关法律规定：

《关于工资总额组成的规定》第四条 工资总额由下列六个部分组成：

(一) 计时工资；

(二) 计件工资；

(三) 奖金；

(四) 津贴和补贴；

(五) 加班加点工资；

(六) 特殊情况下支付的工资。

《关于工资总额组成的规定》第六条 计件工资是指对已做工作按计件单价支付的劳动报酬。包括：

(一) 实行超额累进计件、直接无限计件、限额计件、超定额计件等工资制，按劳动部门或主管部门批准的定额和计件单价支付给个人的工资；

(二) 按工作任务包干方法支付给个人的工资；

(三) 按营业额提成或利润提成办法支付给个人的工资。

《劳动合同法实施条例》第二十七条 劳动合同法第四十七条规定的经济补偿的月工资按照劳动者应得工资计算,包括计时工资或者**计件工资**以及奖金、津贴和补贴等货币性收入。劳动者在劳动合同解除或者终止前 12 个月的平均工资低于当地最低工资标准的,按照当地最低工资标准计算。劳动者工作不满 12 个月的,按照实际工作的月数计算平均工资。

四、此处不留人？好办

● 凭什么调薪又调岗？

《庄子·大宗师》里提到过"善始善终",形容一个人办事认真,做事情有好的开头,也有好的结尾。但如果我们出于各种原因,无法继续在原公司工作,也没必要强撑,所谓"此处不留人,自有留人处",干干脆脆地辞职就是。但走归走,也不要意气用事,该维护的合法利益,属于你的权利都应该明确和重视。所以,我们一起来看看离职的门道。

先解决第一个问题,公司给你调岗或调薪合法吗?

> **法　条** ⚖
>
> 《劳动合同法》第三十五条　用人单位与劳动者协商一致,可以变更劳动合同约定的内容。变更劳动合同,应当采用书面形式。
>
> 变更后的劳动合同文本由用人单位和劳动者各执一份。

因此,有些"心机"HR,既想让你走又不直接解约,因为那样是单方解约。针对这种情况,法律规定用人单位需支付劳动者经济补偿金加经济赔偿金等补偿。如果通过做小动作,给劳动者"穿小鞋",让他们主动离职,用人单位就能节省很多费用。

例如,你原本是公司的财务负责人,但HR下发岗位调动通知,说因岗位调动,自明天起你需要去公司门卫岗,薪水也从原来的两万降到了三千,还顺带祝你工作顺利。如果遇到这类情况,你会接受吗?又该怎么办呢?

别慌,先找出劳动合同或者录用通知书,仔细查看工作岗位和薪水两栏,有没有关于公司可以单方调整的书面约定。如果没有，公司就不得单方调整你的工作岗位和薪水，否则违法。

同时，我也特别提示一点，如果你在入职时就发现公司在合同书的岗位栏约定了可调动岗位，诸如财务、保安、门卫、人力等，那一定要敬而远之，这种公司从合作之初就心怀叵意，没有任何诚信可言，说不定将来就会做一些小动作，逼迫员工主动离职。这种公司，不去也罢。

法 条

《劳动合同法》第十七条　劳动合同应当具备以下条款：

（一）用人单位的名称、住所和法定代表人或者主要负责人；

（二）劳动者的姓名、住址和居民身份证或者其他有效身份证件号码；

（三）劳动合同期限；

（四）工作内容和工作地点；

（五）工作时间和休息休假；

（六）劳动报酬；

> （七）社会保险；
>
> （八）劳动保护、劳动条件和职业危害防护；
>
> （九）法律、法规规定应当纳入劳动合同的其他事项。
>
> 劳动合同除前款规定的必备条款外，用人单位与劳动者可以约定试用期、培训、保守秘密、补充保险和福利待遇等其他事项。
>
> 《劳动合同法》第二十九条　用人单位与劳动者应当按照劳动合同的约定，全面履行各自的义务。

◆ 发工资不及时，补发就好了？

提起"打工人"的终极诉求，其实特别朴实无华，就是赚钱养家。但如果大家正常工作，公司不发工资，就触及原则问题，让人难以接受了。

那么，哪些情形属于不发工资？有什么后果？大家应该怎么办？接下来，我将会为各位一一解答。主要有三种情形、三种后果、三个渠道。

第一点，三种情形是指，克扣拖欠、不给加班费和低于最低工资标准。

关于克扣拖欠,大家需要注意,自 2008 年 1 月 15 日《企业职工奖惩条例》被废止之后,企业已经没有任何法律依据对员工进行处罚了,即使是企业自己的规章制度中关于罚款的规定,也根本无效。

法 条

《工资支付暂行规定》第十五条 用人单位不得克扣劳动者工资。有下列情况之一的,用人单位可以代扣劳动者工资:

(一)用人单位代扣代缴的个人所得税;

(二)用人单位代扣代缴的应由劳动者个人负担的各项社会保险费用;

(三)法院判决、裁定中要求代扣的抚养费、赡养费;

(四)法律、法规规定可以从劳动者工资中扣除的其他费用。

我们在前面也详述过加班费的内容，支付加班费是公司的义务，加班费是工资的一部分，不给加班费就是不给工资。《关于工资总额组成的规定》第四条第五项规定，"加班加点工资"是工资总额的组成部分之一。

大家很容易忽略低于最低工资标准这点，全国各地的最低工资标准不同，只要低于这个数字，同样属于违法行为。

> **法 条**
>
> 《劳动法》第四十八条　国家实行最低工资保障制度。最低工资的具体标准由省、自治区、直辖市人民政府规定，报国务院备案。
>
> 用人单位支付劳动者的工资不得低于当地最低工资标准。

第二点，三种后果是指，必须补发劳动报酬、支付惩罚性的赔偿金，以及如果劳动者因此解除劳动合同离职，公司还得支付一笔离职经济补偿金。

对于补发,大家很容易理解,这是必须的,无论是工资还是加班费,或者是最低工资标准数额,欠多少补多少。

如果公司错上加错,劳动者可以依法向劳动监察大队等部门投诉。当公司超过被督促限期后还不给钱的,那事情就更严重了!公司还得另外支付超过应付金额最高一倍的经济赔偿金。

法 条

《劳动合同法》第八十五条　用人单位有下列情形之一的,由劳动行政部门责令限期支付劳动报酬、加班费或者经济补偿;劳动报酬低于当地最低工资标准的,应当支付其差额部分;逾期不支付的,责令用人单位按应付金额百分之五十以上百分之一百以下的标准向劳动者加付赔偿金:

(一)未按照劳动合同的约定或者国家规定及时足额支付劳动者劳动报酬的;

(二)低于当地最低工资标准支付劳动者工资的;

(三)安排加班不支付加班费的;

(四)解除或者终止劳动合同,未依照本法规定向劳动者支付经济补偿的。

同时,如果劳动者因此解除劳动合同离职,公司还有一笔离职经济补偿金得支付。相关法律依据如下:

法 条

《劳动合同法》第四十六条 有下列情形之一的,用人单位应当向劳动者支付经济补偿:

(一)劳动者依照本法第三十八条规定解除劳动合同的;

(二)用人单位依照本法第三十六条规定向劳动者提出解除劳动合同并与劳动者协商一致解除劳动合同的;

(三)用人单位依照本法第四十条规定解除劳动合同的;

(四)用人单位依照本法第四十一条第一款规定解除劳动合同的;

（五）除用人单位维持或者提高劳动合同约定条件续订劳动合同，劳动者不同意续订的情形外，依照本法第四十四条第一项规定终止固定期限劳动合同的；

（六）依照本法第四十四条第四项、第五项规定终止劳动合同的；

（七）法律、行政法规规定的其他情形。

《劳动合同法》第三十八条　用人单位有下列情形之一的，劳动者可以解除劳动合同：

（一）未按照劳动合同约定提供劳动保护或者劳动条件的；

（二）未及时足额支付劳动报酬的；

（三）未依法为劳动者缴纳社会保险费的；

（四）用人单位的规章制度违反法律、法规的规定，损害劳动者权益的；

（五）因本法第二十六条第一款规定的情形致使劳动合同无效的；

（六）法律、行政法规规定劳动者可以解除劳动合同的其他情形。

用人单位以暴力、威胁或者非法限制人身自由的手

> 段强迫劳动者劳动的,或者用人单位违章指挥、强令冒险作业危及劳动者人身安全的,劳动者可以立即解除劳动合同,不需事先告知用人单位。

第三点,三个渠道是指,向当地的劳动监察部门投诉、启动**劳动争议仲裁程序、去法院打劳动争议官司**。这三个渠道都不花钱,就是为了保障劳动者的合法权益。我来具体介绍一下。

第一,向当地的劳动监察部门投诉。劳动监察部门有权责令单位限期补齐拖欠的工资,否则,用人单位得想想上述的一些后果。

第二,启动劳动争议仲裁程序。如果投诉无果,或对投诉处理结果不满意,接下来可以向劳动仲裁部门申请劳动仲裁,这也是提起诉讼的前置(必经)程序。

第三,如果对劳动争议仲裁结果不满意,我们还可以诉讼,也就是去法院打劳动争议官司。

能不能胜任，谁说了算？

你一定听说过"末位淘汰"和"不能胜任工作"吧，但这两者不能混为一谈。可以说，公司实行末位淘汰制没有法律依据，而且这不是一个法律概念。

不过，有些公司的 HR 会把这两个概念结合在一起，甚至作为辞退员工的理由，比如"你在考核中排在末位，不能胜任工作，遭到淘汰，公司要与你解除劳动关系"，这话听起来似乎符合《劳动合同法》第四十条第二项的规定，"劳动者不能胜任工作，经过培训或者调整工作岗位，仍不能胜任工作的"，公司启动非过错性解除劳动合同程序。但事实上，这么做就是偷换概念，是违法行为。

举个通俗易懂的例子，一位巴西国家足球队的板凳球员，假如他继续待在巴西国家队可能三年都没有机会上场，可把他换到其他职业足球队，以他的技术，很可能场场都是首发球员，兴许还能拿到金球奖。那么，根据前面他常年坐冷板凳的情况，就能断言他不能胜任职业足球运动员这份工作了吗？

同理，前面所说的公司考核，该名员工虽然在考核中排在末位，但如果公司没有其他方面的证据，就不能妄下结论，说他一定不能"胜任工作"。

如果想要符合《劳动合同法》第四十条第二项的规定,公司必须提供更为确凿的证据,证明劳动者的确不能胜任,且经过培训或者调整工作岗位后,仍不能胜任。同时,公司还要完成通知工会这个必备程序。

法 条

《劳动合同法》第四十三条 用人单位单方解除劳动合同,应当事先将理由通知工会。用人单位违反法律、行政法规规定或者劳动合同约定的,工会有权要求用人单位纠正。用人单位应当研究工会的意见,并将处理结果书面通知工会。

那么,公司以"末位淘汰"方式辞退员工合法吗?答案是不合法。

案 例

赵某为某销售公司的业务员,入职公司后,销售业绩平平。公司为激励员工,提升销售业绩,实行末位淘汰制,每月对全体业务员进行销售排名,以双方"协商一致"的形式与每月最后一名业务员解除劳动合同,并按其实际工作年限支付经济补偿金。

某次,赵某排名倒数第一,公司给他下达了解除劳动合同通知书。但赵某认为公司是违法解雇,要求继续履行劳动合同,与公司协商未果后,他向当地劳动争议仲裁委员会提出了仲裁申请。经当地劳动仲裁员调解后,公司承认自身错误,再次协商后,双方一致同意继续履行劳动合同。

你看,员工到底能不能胜任一份工作,不是公司一句简单的所谓"末位"考核结果就能决定的。

◆ 合同到期,这笔钱千万别忘了要!

很多人觉得,劳动合同期限已满,就是"合同终止",既然终止了,就可以跟公司一拍两散各自安好,这样做理所当然,也天经地义。但你很有可能因此错过了一笔法律规定的、应该属于你的钱!这笔钱叫"经济补偿金"。

当然,需要注意的一点是,如果是在劳动合同的条件不变甚至更好的情况下你自己不想续签,那你得不到这笔钱。其他情况的话,公司都必须给你一笔经济补偿金。

意不意外?

> **法 条** ⚖
>
> 《劳动合同法》第四十六条规定,"有下列情形之一的,用人单位应当向劳动者支付经济补偿",其中第五项就是"除用人单位维持或者提高劳动合同约定条件续订劳动合同,劳动者不同意续订的情形外,依照本法第四十四条第一项规定终止固定期限劳动合同的"。

那么，公司应该给多少呢？

这需要看你在公司工作的年限，每满一年给一个月工资；六个月以上不满一年的，按一年计算；不满六个月的，给半个月工资。

如果离职前你的职位是公司高管，工资非常可观，每月能挣十万，公司该怎么给呢？关于这一点是有限额的，叫作"双封顶"，也就是说数额不能超过当地上年度职工月平均工资的3倍，给付的年限不能超过12年，顶多给12个月的工资。

法　条

《劳动合同法》第四十七条　经济补偿按劳动者在本单位工作的年限，每满一年支付一个月工资的标准向劳动者支付。六个月以上不满一年的，按一年计算；不满六个月的，向劳动者支付半个月工资的经济补偿。

劳动者月工资高于用人单位所在直辖市、设区的市级人民政府公布的本地区上年度职工月平均工资三倍的，向其支付经济补偿的标准按职工月平均工资三倍的数额支付，向其支付经济补偿的年限最高不超过十二年。

> 本条款所称月工资是指劳动者在劳动合同解除或者终止前十二个月的平均工资。

所以,这笔"横财",大家千万别忘了啊!

● 辞职的正确方式

有段时间,很多人都被那封写有"世界那么大,我想去看看"的辞职信打动,想着自己辞职时也要想一个类似的潇洒理由。

其实,把辞职信写得饱含情感或言辞恳切都没什么,但需要注意的是,最后不要写"请批准"三个字,它不仅可能让你走不成,还可能让你承担违约责任。

你在辞职信上写了"请批准",但老板迟迟不批,拖三个月,又三个月,到最后一年过去了,你还是没能成功辞职。这时候,你走劳动争议仲裁,打劳动诉讼官司,结果全败。

> **法条** ⚖
>
> 《劳动合同法》第三十七条 劳动者提前三十日以书面形式通知用人单位,可以解除劳动合同。劳动者在试用期内提前三日通知用人单位,可以解除劳动合同。

什么叫作"通知"?就是说你告诉公司自己要辞职就行了,无须征得同意!但"请批准"意味着什么呢?是你提出要约,得让人家承诺,对方如果不批准,你们双方就没有达成一致。既然没有达成一致,那意味着没有解除劳动合同。所以,如果你在辞职信上写了"请批准",不妨改成硬气一点的"请知悉",然后30天后直接走人。

如果你决定向公司提出辞职申请,最好以什么样的方式提出呢?

最好是以书面形式。就像我在前面所说的辞职信,或者是给公司认证的官方邮箱发正式邮件。一定不要口头提出辞职,就算提前一个月通知了老板,但如果遇到那种耍赖的情况,最终吃亏的还是自己。

四种情况，随时走人

我们刚刚聊了一个人想离职，必须提前30天通知公司、老板，得给对方一个缓冲期，如果不通知的话，公司可能会追究他的责任，让他赔钱。但是，事实上还有一些特例，你上午决定离职，下午就能走，还能获得很大一笔钱。

那具体是哪些特例呢？

其中五种常见的情形是：(1)欠款欠薪；(2)欠劳动者社保；(3)强迫劳动者劳动；(4)规章制度违法；(5)劳动保护条件不符合约定。如果出现了以上几种情况，你完全可以说走就走！公司不仅要给你补齐薪水，还要发放经济补偿金。

案例

姜某为某IT公司的老员工，在公司连续两个月被无故扣除其绩效考核工资后，主动向公司邮寄送达解除劳动合同通知书，并要求在解除双方劳动关系的同时，由公司向其支付离职经济补偿金17万元。

之后，姜某申请劳动争议仲裁。仲裁庭审时，公司承认收到电子邮件，且解除劳动合同通知书内容与姜某提交的一致。但是，公司主张双方解除劳动合同系姜某个人原因引起，属于主动离职。为此，公司提交离职证明存根。

双方当事人争议的焦点是公司扣减姜某绩效工资是否有合理依据。 鉴于公司并没有提交充分的证据证明姜某考核结果不合格，亦没有证据证明已将考核结果告知姜某，所以认定公司无故扣减姜某绩效工资。

同时，仲裁机构审理后，裁决确认双方于姜某提供的时间范围内存在劳动关系，因此公司应当支付姜某连续两个月未发放的绩效工资，并且支付解除劳动合同经济补偿金 17 万元。

法 条

　　《劳动合同法》第八十五条　用人单位有下列情形之一的,由劳动行政部门责令限期支付劳动报酬、加班费或者经济补偿;劳动报酬低于当地最低工资标准的,应当支付其差额部分;逾期不支付的,责令用人单位按应付金额百分之五十以上百分之一百以下的标准向劳动者**加付赔偿金**:

　　(一)未按照劳动合同的约定或者国家规定及时足额支付劳动者劳动报酬的;

　　(二)低于当地最低工资标准支付劳动者工资的;

　　(三)安排加班不支付加班费的;

　　(四)解除或者终止劳动合同,未依照本法规定向劳动者支付经济补偿的。

　　由此可见,想要获得这笔经济赔偿金,需要我们先向劳动行政部门投诉,一纸材料即可,过程很简单。劳动行政部门责令公司限期支付后,还不给钱的,我们才可以请求法院判决这部分赔偿金。

虽然法律规定赔偿金的金额是百分之五十以上百分之一百以下,但我见到的主张都是翻倍,也就是百分之百,结果是大部分都获得了支持。

你看,这又是一笔"意外"收入。

法律无非柴米油盐

CHAPTER 02

结婚这件大事

毫无疑问，结婚是人生中具有重大意义的事情。

两个人因为相爱走到一起，从谈恋爱到组建家庭，再到生儿育女，结婚就像是人生的另一个起点，两人共同奔向更美好的生活。同时，法律也赋予了婚姻关系更多的保障、更充分的权利，当然，也有更多对等的义务。

了解婚姻家庭领域的相关法律知识，能帮助我们更好地经营婚姻、稳固家庭。当作为社会细胞的家庭牢固稳健了，整个社会才能得到更好的发展。两者是相辅相成的。

一、登记之前

◆ 彩礼真的不用给了吗？

自2021年1月1日起，被称为"社会生活的百科全书"的《民法典》正式生效了。

我们都知道，《民法典》共7编、1260条，各编依次为总则编、物权编、合同编、人格权编、婚姻家庭编、继承编、侵权责任编，以及附则。

围绕《民法典》婚姻家庭编的解读也越来越多。有些人，包括一些法律人，在看到《民法典》第一千零四十二条时，兴奋不已，因为其中一句是"禁止借婚姻索取财物"。他们觉得从此以后，可以不用给彩礼了，这么做不但合理，而且合法。

但事实上,这种理解并不正确。

"禁止借婚姻索取财物",并不等同于禁止给彩礼。

前者的立法目的是杜绝奢靡攀比之风,因为结婚不是"卖女儿",防止一些心思不单纯的人,借儿女婚姻狮子大开口,漫天要价,这是违法的。而根据风俗民情,想讨个好彩头,给亲家适度数额的"彩礼",这是法律允许的。

当然,可能还会有人一头雾水,到底该如何区分"彩礼"和"索取财物"呢?

其实很简单,主要看这钱的来源是"要",还是"给"。如果是一方主动"要",就是"索取";如果是一方主动"给",就是"赠与",也就是俗称的"彩礼"。换句话说,这钱我可以主动给,但你不能主动要。

对此,有人又有困惑了,不管是主动"给",还是对方"要",结果都是给钱,分得这么清楚到底有什么意义?当然有意义。**如果之后夫妻感情破裂,这笔钱的性质就至关重要了。**

如果这是彩礼,那么只有符合三种特殊情形才能要回;如果是索取财物,根本就是违法行为,而违法行为自始至终都无效,应当无条件返还。关于这笔钱的定性,取决于你当初是否留有"要"的证据。所谓"害人之心不可有,防人之心不可无",

在"彩礼"这件事上,大家也可以多留一个心眼。

案例

2017年,林先生经媒人介绍,认识了陈女士,两人相识半年后订婚。订婚时,陈女士的母亲向林先生要了5万元的"彩礼",另外,男方又给女方买衣服、化妆品等花了数千元。1年后,两人商量结婚事宜,陈女士认为"彩礼"有点寒酸,又向林先生要了5万元。两人于当年登记结婚。但婚后不久,两个人就因感情不和分居。

3年未能挽回婚姻,林先生于2020年11月提出离婚,并要求返还各项费用共约11万元。结果是,准许两人离婚,除去购置服装、化妆品的钱,这些属于赠与行为,女方返还男方剩余10万元"彩礼"钱。显然,此"彩礼"并非彩礼,而是陈女士一家借婚姻索取的财物,当然应该返还。

● 彩礼能往回要吗？

不管是在农村还是在城市,很多地方都有结婚前男方要给女方彩礼的习俗,不过不同地区,不同风俗,彩礼的数额也不一样。但就算给了彩礼也不意味着两个人的婚姻能顺顺利利,如果男方想悔婚或者婚后感情破裂,已经交给女方的彩礼还能要回吗?

从法律的角度来讲,彩礼钱是可以要回的,除非双方已经办理了结婚登记且已经共同生活。

案 例

小黄和隔壁村的小花情投意合,按照当地习俗,小黄主动给了小花八万八千八百八的彩礼。婚后,小黄和小花矛盾频发,常常打得不可开交,小黄便产生了离婚的念头,但他想要回之前给的彩礼。咨询过律师后,小黄发现有且只有三种情形他可以要回彩礼。

一、他和小花没领结婚证。没有结婚证就不是夫妻。

二、两个人领了结婚证,但出于种种原因,他俩没在一起共同生活过。简单来说,就是有名无实的夫妻。

三、因为凑这笔彩礼,小黄砸锅卖铁、负债累累,生活水平急剧下降,已经不能维持当地最基本的生活水平。注意:是低于当地最低生活保障的水平,而不是和结婚前自己的生活水平对比。如果是这样,他就可以要回彩礼。

法 条

《最高人民法院关于适用〈中华人民共和国民法典〉婚姻家庭编的解释(一)》第五条 当事人请求返还按照习俗给付的彩礼的,如果查明属于以下情形,人民法院应当予以支持:

(一)双方未办理结婚登记手续;

(二)双方办理结婚登记手续但确未共同生活;

(三)婚前给付并导致给付人生活困难。

适用前款第二项、第三项的规定,应当以双方离婚为条件。

这三种情形是法律赋予男方的"尚方宝剑"。但需要提醒大家的是,第二、第三种要回彩礼的情形,只适用于离婚后。不能既想要好好过日子,又想要回钱,天底下可没有这种"好事"。

◆ 爸妈给买的房子,是小两口的吗?

婚姻本来就是两个相爱的人共守一生的承诺,但走进婚姻的人也会遇到各种各样的法律问题,会有相关的法律诉求。而跟结婚紧密相关的房子,也会涉及一些法律问题。比如,很多人好奇父母给买的房子,是属于小两口的吗?

根据《民法典》第一千零六十二条第一款第四项和第一千零六十三条第三项,夫妻在婚姻关系存续期间继承或受赠的财产原则上为夫妻共同所有,除非遗嘱或者赠与合同中确定财产只归一方。

也就是说,在我国法定夫妻财产制为婚后所得共同制的前提下,夫妻一方婚后所得的财产原则上均为夫妻共同所有,除非赠与合同中确定只归夫或妻一方。

案 例

狗蛋和翠花谈恋爱,最终携手进入婚姻。翠花善良可爱、勤俭持家,深得狗蛋爸妈喜欢,于是,狗蛋爸妈花巨资给小两口买了一套大别墅。在房价居高不下的年代,一套房很可能要耗费几代人的积蓄。**假设狗蛋父母买房时并未明确给谁,那出现争议后,就得分情况来看了:**

第一种,如果狗蛋父母出资,且将房产登记在狗蛋名下,那房屋当然归属于狗蛋;

第二种,如果狗蛋父母出资,且将房产登记在翠花名下,那就属于两人的共同财产,狗蛋有权要求分配;

第三种,如果狗蛋父母出资,且将房产登记在狗蛋和翠花两人名下,则属于夫妻共同财产,如果没有约定份额,则一人一半;

第四种,如果狗蛋父母当时钱不够,翠花父母出手相助了,两个家庭一起出资,且将房产登记在狗蛋和翠花双方名下,这时候大家要公平对待,**哪怕狗蛋父母出了八成,翠花父母只出了两成,这房子还是一人一半,共同共有。**

> 务必注意这一点,这是 2021 年 5 月最高人民法院最新出台的《〈关于适用民法典婚姻家庭编的解释(一)〉若干重点问题的理解与适用》中的内容。一改之前此种情形认定为"按份共有",即哪家出钱多,哪方份额多的规定。
>
> 因此,双方父母共同给孩子买房的,出资一家一半最合理。

🔷 拜了天地有了娃,竟然不受法律保护

相较于城里结婚千篇一律的"老三样"程序——车队接亲、回家改口、饭店仪式,不少农村的婚俗就显得隆重、有趣也复杂多了。所以,很多新人都是城里从简,邀请同事好友吃顿饭,反而回乡的时候,操办得热热闹闹的。

婚礼的仪式感是做足了,却很可能遗忘了结婚最重要的环节——登记。虽然去民政局登记领证用不了一个上午,但很多年轻人总是轻易忽略这个程序。

我之前见过一对"夫妻",因为离婚官司闹到法院,结果法

院一查，两人根本没领证。原本不是夫妻，自然就不需要解除婚姻关系了，最终，连立案都立不成。

很多人觉得，只要有了足够隆重的仪式，两位新人拜了天地，闹过洞房，在双方家长和证婚人面前交换了戒指，甚至载入家谱，有了孩子，就肯定是"两口子"了。尤其，两个人一起生活了一二十年，早成了老夫老妻。两个人不闹矛盾还好，能一生相守，幸福和谐。可一旦发生纠纷，领了证和没领证的后果真是天壤之别。

比如，女人在家相夫教子，男人在外打拼工作，如果是合法夫妻，男人挣得再多，这都是夫妻共同财产，离婚女方能分一半，是没有悬念的。但如果双方没有登记领证，两人属于同居关系，谁挣的钱就归谁，一起买的东西也按份分。

像我前面说的那对"夫妻"，女方就亏大了。所以，**重要的事情说三遍，登记，登记，还是登记。**

◆ 都二十一世纪了，这个词竟然还有人提起

众所周知，除了男婚女嫁，还有另一种婚姻模式，也就是

"女娶男"。当有的家族延续到某一代,家里只有女性没有男性时,会考虑用招婿的方式延续香火,就是男方做上门女婿,结婚后要落户女方,之后生的孩子也要随女方家的姓氏。但不管是哪种婚姻模式,都是两个人在一起生活,意愿是把日子过得更好。

案例

狗蛋是个孤儿,从小孑然一身,生活拮据。长大后,他的发小都相继娶妻生子,但年过三十的狗蛋依旧单身一人,婚事更是遥遥无期。

而邻村的翠花觉得狗蛋为人厚道,她不在乎什么家境、条件,只想嫁给一个值得依靠的人。但翠花是独生女,父母身体都不好,也丧失了劳动能力,所以翠花希望狗蛋结婚以后到自己家生活,加入他们家,也方便夫妻俩结婚后一起照顾老人。

对此,朴实的狗蛋没什么意见。但是,村里的风言风语很多。一时间说什么的都有,有人说哪有男人嫁到女方家的;有人说万一狗蛋过去后,被人百般刁难可怎么

> 办；还有人说倒插门女婿一辈子别想抬起头。总之，都明里暗里觉得狗蛋当上门女婿丢人。

事实上，我要是狗蛋，都懒得废话，直接扔一本《民法典》给这些嚼舌的闲人。

法条

《民法典》第一千零五十条　登记结婚后，按照男女双方约定，女方可以成为男方家庭的成员，男方可以成为女方家庭的成员。

可见，在婚姻中，**不管是娶还是嫁，家庭地位一律平等，双方互为家庭成员。**

既然两个人因为三观一致走到一起，又何必在意外人的流言蜚语，有什么比自己的幸福生活更重要呢！再说了，随着社会不断进步，人们的法律意识逐渐增强，陈腐的世俗偏见及所谓的

"入赘"这个词,终究会被唾弃、被淘汰。

对不起,我要行使撤销权

在婚姻关系存续期间,如果两个人真的到了一个不可能走下去的地步,是可以协议离婚或者诉讼离婚的。可还有一种情况,就是压根儿不是自愿结婚,这种婚姻可以撤销。

原本婚姻自由就是《民法典》的基本原则,双方当事人都具有结婚的真实意愿,才选择去民政局领证。

一方当事人因本人或亲属的生命、身体健康、名誉、财产等方面受到威胁而产生恐惧,才表示有结婚的意思,而不是本人有真实的结婚想法,在这种情况下,法律赋予其撤销该婚姻的权利。

法 条

《民法典》第一千零五十二条 因胁迫结婚的,受胁迫的一方可以向人民法院请求撤销婚姻。

> 请求撤销婚姻的,应当自胁迫行为终止之日起一年内提出。
>
> 被非法限制人身自由的当事人请求撤销婚姻的,应当自恢复人身自由之日起一年内提出。

案 例

狗蛋见隔壁村的翠花善良貌美,于是主动取得联系,两人随着接触互生好感,很快确立了恋爱关系。半年后,狗蛋向翠花求婚,翠花十分感动,但拒绝了。

狗蛋因爱生恨,情绪很不稳定,行为也变得不理智。他常以言语和行动对翠花进行威胁、恐吓,最后强行要求翠花跟他结婚。翠花感到害怕,不得已跟狗蛋领了证。两人从相识到结婚,时间不到两个月。婚后,狗蛋越发暴露出极端的性格,翠花难以忍受,一直想结束这段没有感情的婚姻。

翠花是否能如愿以偿地撤销那段婚姻?答案是可以。

不过，需要注意一点，必须抓紧时间。**法律不会保护躺在权利上睡觉的人**，假如翠花从狗蛋的胁迫结束之日起，一年内都无动于衷，那法律就默认她接受、认可了这段婚姻，不可以再撤销了。就像前面已经强调的，"请求撤销婚姻的，应当自胁迫行为终止之日起一年内提出"。

法 条

《最高人民法院关于适用〈中华人民共和国民法典〉婚姻家庭编的解释（一）》第十八条　行为人以给另一方当事人或者其近亲属的生命、身体、健康、名誉、财产等方面造成损害为要挟，迫使另一方当事人违背真实意愿结婚的，可以认定为民法典第一千零五十二条所称的"胁迫"。

因受胁迫而请求撤销婚姻的，只能是受胁迫一方的婚姻关系当事人本人。

案例

假设狗蛋婚后怕翠花跑了,把翠花困在家里,根本不让她出门。这一困就是三年,三年后翠花找机会逃了出来。时间已经超过了《民法典》中规定的一年,那翠花还能以胁迫为由向人民法院提起撤销婚姻吗?

法律终归是有人情味的,"被非法限制人身自由的当事人请求撤销婚姻的,应当自恢复人身自由之日起一年内提出"。所以,从翠花逃出家门那天算起,之后一年内,她随时可以起诉撤销。

另外,还有一种可以撤销婚姻关系的情况。

法条

《民法典》第一千零五十三条 一方患有重大疾病的,应当在结婚登记前如实告知另一方;不如实告知的,另一方可以向人民法院请求撤销婚姻。

> 请求撤销婚姻的,应当自知道或者应当知道撤销事由之日起一年内提出。

案例

狗蛋患有先天性心脏病,根本不能从事强度稍大的体力工作。但是他在和翠花结婚之前,并没有告诉翠花自己的身体状况,导致婚后养家糊口的重担都压在了翠花一个女人的肩膀上。更不幸的是,婚后才半年,狗蛋因心脏问题住院,花销巨大。翠花实在是力不从心,难以承受生活的重负了。

由于狗蛋婚前隐瞒自身的重大疾病,翠花有权请求撤销婚姻关系。从翠花知道狗蛋患有先天性心脏病之日起的一年内,她可以依法起诉撤销婚姻关系。

关于领证之前的这些事,你心里有数了吗?

二、领证之后

◆ 不上班行不行啊？你养我啊？

读完前面的章节，我们知道了**两个人只有领证登记，才是法律认可的夫妻关系，才受到法律保护**。而领了证也就是真正走进了婚姻，虽然爱情已修成正果，但两人的婚姻生活才刚刚开始。从此刻起，除了花前月下、卿卿我我，还要面对柴米油盐、家长里短。**而真实的生活，也要面对更多的法律问题**。

电影《喜剧之王》里有一句经典台词，就是尹天仇对柳飘飘说的"我养你啊"，这为很多女生编织了一个美梦——你负责赚钱养家，我负责貌美如花！

但在现实生活中，全职太太的生活并没有童话故事里那么幸福,她将变成一个没有经济来源,还要承担大量家务的女人,不仅身心疲惫,还容易得不到另一半的尊重。

虽然两个人只是分工各有不同,一切都是为了家庭,但全职太太的付出,不容易得到社会的认可,也很难量化。我们很难去计算照顾老人、孩子每小时多少钱,或者算清楚洗衣、做饭这样的家务每小时的工酬。

相反,"主外"男人们的收入是能清清楚楚看到的,因为他们用工资养活一家老小,所以理所当然地不做家务。

如果夫妻二人关系稳固,能相敬如宾还好,一旦感情破裂,全职太太过去为家庭付出的时间、精力,是否能够得到补偿呢?

答案是有难度。

虽然家务补偿制度在《民法典》出台之前的婚姻领域立法中已有规定,但可操作性不强,原则上以"书面约定"作为前提,**给不给补偿、给多少补偿,事先得白纸黑字写清楚。**

很多西方电影、电视剧中可以看到类似情形,男女主角结婚之前,先约定财产的分割,写婚前协议,也就是中国人常说的"先小人后君子"。但中国还没有这样的习惯,关于婚前财产的约定少之又少。所以,即便有一方在离婚诉讼中,提出家务劳动补偿的主张,也因无法提供约定分别财产制的证据,难以得到法院的支持。

不过,现在这个问题已经迎刃而解了。法律规定,夫妻离婚时,无论男方或者女方均可提出家务劳动补偿的主张,无须事先约定。

法条

《民法典》第一千零八十八条　夫妻一方因抚育子女、照料老年人、协助另一方工作等负担较多义务的,离婚时有权向另一方请求补偿,另一方应当给予补偿。具体办法由双方协议;协议不成的,由人民法院判决。

也许,"我养你啊"四个字听起来豪迈大气,可以让女人倍感安心。但事实上,美好幸福的婚姻是两个人共同经营的产物。《民法典》之所以规定了"家务补偿请求权",就是默认了夫妻双方均做出了巨大的付出,都承担了各自的义务。

而且,这些义务不能用金钱作为唯一的衡量标准,否则婚姻就沦为了交易,也亵渎了夫妻之间美好的感情。

🔷 这些钱都有你的一半！

夫妻共同财产是基于法律的规定,因夫妻关系的存在而产生的。也就是说,从两人结婚登记那天开始,就形成了夫妻共同财产,如果没有特殊约定,这些财产一人一半。

从法律的角度来看,我们可以把婚姻理解成合伙,一旦形成婚姻关系,婚后就意味着收益共享,即婚后取得的财产归夫妻双方共同共有。同样地,风险共担,也就是说婚后为共同生活或者共同经营所负的债务,夫妻二人要承担连带偿还责任。除非有财产协议,有明确约定,有约定的按约定处理。

在婚姻关系存续期间,有些财产很容易划分到共同财产,比如,工资、奖金、房租收入等,但有些财产需要特别解释。只有弄清楚哪些是共同财产,等产生纠纷时才能心中有数,方便依法分割。

---------------------------- **案 例** 🔨 ----------------------------

> 原告翠花与丈夫狗蛋于 2019 年 3 月 11 日登记结婚,婚后共同创办公司并经营。2020 年 9 月,狗蛋通过朋友

介绍与彩云发展为情人关系，翠花一直蒙在鼓里。2020年12月，狗蛋为履行对彩云的承诺，通过农业银行将10万元转账到彩云账号上，翠花发现后，多次找彩云索要未果，故依法维权。翠花认为，其丈夫狗蛋背着自己私自将10万元支付给与其有不正当关系的彩云，不仅违反了相关法律规定，也违背了公序良俗和社会道德，彩云应返还其取得的财产并承担本案的各项费用。

结果是这样认定的：狗蛋背着妻子将10万元转账给情人，违背了公序良俗和社会道德，违反了《民法典》的规定，其行为应认定为无效。彩云所得10万元款项没有合法依据，取得了不当利益，属不当得利，依法应予返还。

法条

《民法典》第一千零六十二条　夫妻在婚姻关系存续期间所得的下列财产，为夫妻的共同财产，归夫妻共同所有：

(一) 工资、奖金、劳务报酬；

(二) 生产、经营、投资的收益；

(三) 知识产权的收益；

(四) 继承或者受赠的财产，但是本法第一千零六十三条第三项规定的除外；

(五) 其他应当归共同所有的财产。

夫妻对共同财产，有平等的处理权。

生产、经营、投资的收益，指的是做生意、炒股票赚来的钱；知识产权的收益可以理解为出书、发明专利获得的收入；最应引起大家重视的是第四条，婚姻期间如果一方获得了遗产、赠与，原则上这是共同财产，但如果遗嘱或赠与合同里指名点姓就是给某一方的，这就成了个人财产，另一方没有份。

|||||||||||||||||||||||||||||||||| 案 例 ||||||||||||||||||||||||||||||||||

狗蛋和翠花是夫妻,狗蛋父亲身故后,他从父亲那里继承了100万元遗产。如果狗蛋父亲生前立有遗嘱,强调遗产仅由儿子狗蛋一人继承,不作为其夫妻共同财产的话,这100万元就是狗蛋的个人财产。

如果狗蛋父亲没有订立遗嘱,狗蛋在自己婚姻关系存续期间作为继承人,依法继承取得了父亲的100万元遗产,那么这100万元便属于狗蛋和翠花的夫妻共同财产。总的来说,以遗嘱为重,实现按意愿继承。

赠与也是一样,翠花结婚后,翠花父母想给女儿一辆车,又希望仅给翠花一个人,那么就可以与翠花签订赠与协议,协议中强调仅赠给女儿个人,不作为其夫妻共同财产。

● **这些钱没有一分是你的!**

假设狗蛋和翠花结婚后,感情没有想象中那么好,两个人矛盾不断,最终关系走向破裂,但夫妻俩对双方的财产存在不少的争议。

之前,我们知道了哪些是夫妻共同财产,是可以分割的;现在,我们也有必要了解一下哪些是个人财产,离婚分割时没有对方的一分一文。

法 条

《民法典》第一千零六十三条　下列财产为夫妻一方的个人财产:

(一) 一方的婚前财产;

(二) 一方因受到人身损害获得的赔偿或者补偿;

(三) 遗嘱或者赠与合同中确定只归一方的财产;

(四) 一方专用的生活用品;

(五) 其他应当归一方的财产。

其实,哪些是婚前财产很好理解,就是以结婚证记载的登记日为准,之前挣的都是个人的,之后的才是两人的。

我们需要注意人身损害赔偿补偿这个点，大部分人认为这也是共同财产，是错误的。

案例

> 假设翠花因为交通事故受了伤，保险公司和车主赔偿了各种费用，一共好几十万。这笔钱和狗蛋无关，都是翠花的。因为这笔钱是翠花受伤害的赔偿，具有高度的人身专属特性。
>
> 如果法律把人身损害赔偿金作为共同财产分割，你觉得会有什么可怕的后果？很可能诱发道德风险。狗蛋可能会故意策划事故伤害翠花，图谋一大笔赔偿金。

● 共同债务这个"深坑"

在中国社会道德观念里，夫妻一直被视作同甘共苦的命运共同体。同时，夫妻共同债务的认定，一直是社会关注的热点问题。尤其一方在夫妻关系存续期间，以个人名义负担的债务，是不是应该属于夫妻共同债务?

> **法条**
>
> 《民法典》第一千零六十四条 夫妻双方共同签名或者夫妻一方事后追认等共同意思表示所负的债务,以及夫妻一方在婚姻关系存续期间以个人名义为家庭日常生活需要所负的债务,属于夫妻共同债务。
>
> 夫妻一方在婚姻关系存续期间以个人名义超出家庭日常生活需要所负的债务,不属于夫妻共同债务;但是,债权人能够证明该债务用于夫妻共同生活、共同生产经营或者基于夫妻双方共同意思表示的除外。

案例

狗蛋和翠花的幸福婚姻没有持续多久。由于狗蛋长期好吃懒做,还染上了赌博的恶习,翠花恨铁不成钢,提

> 出离婚。狗蛋表示离婚可以,先把债还了。他扔出一沓厚厚的欠条,表明这是自己在婚姻存续期间借的钱,算夫妻"共同债务",几十万的债,必须一人还一半。但翠花觉得那些债是狗蛋瞒着自己借的,不是夫妻共同债务,她不应该偿还,并且坚决要求离婚。

注意上述的条款内容中有一条是"**夫妻一方在婚姻关系存续期间以个人名义超出家庭日常生活需要所负的债务,不属于夫妻共同债务**",当初狗蛋借钱是瞒着翠花的,而且他借来的钱都用来赌博了。显然,根据法律规定,狗蛋的债务不属于夫妻共同债务。

因此,翠花不用还。如果后面有人找翠花还债,翠花只需要坚决不承认,表示跟这个债务没有任何关系,是狗蛋的个人债务,让他们谁借的找谁还。显而易见,**不是所有婚姻关系存续期间发生的债务都是夫妻共同债务。**

为了避免出现夫妻一方"被负债"的情况,我还是建议大家在生活中跟另一半多多沟通,从源头上解决问题,彼此站在平等的地位上处理家中与钱款有关的事情。那么,该如何防止夫妻一方恶意制造"共同债务"?

首先,不要在自己不知道用途的欠条或合同上签自己的名字。

其次,日常记账,关键时刻可以证明家庭日常生活的花费限度。

最后,如有可能,约定一方的投资经营债务不属于夫妻共同债务(恶意逃避共同债务的约定无效)。

虽说夫妻是一体的,但大家还是要增强风险意识、证据意识,还是那句老话,万丈深沟终有底,唯有人心不可量。

◆ 不用等离婚,也可以分割财产

我们都知道,在婚姻关系存续期间,夫妻双方所得的工资、奖金、劳动报酬等财产,原则上都是夫妻共同财产。

《民法典》第一千零六十二条规定,"夫妻对共同财产,有平等的处理权"。这个"平等的处理权"就是说,依据法律规定,夫妻在处理共同财产时,应该平等协商,取得一致意见,任何一方不得违背他方的意志，擅自处理。

而两个人在婚姻关系中难免发生摩擦，特别是在处理较大金额的共有财产时，更容易发生矛盾。现行法律不鼓励夫妻在婚姻关系存续期间分割共同财产，但并不是说，婚内绝对不能分割共同财产。

如果想在婚姻关系存续期间分割共同财产，**必须满足法律规定的严重损害夫妻共同财产利益和身心健康的条件。**

法 条

《民法典》第一千零六十六条 婚姻关系存续期间，有下列情形之一的，夫妻一方可以向人民法院请求分割共同财产：

（一）一方有隐匿、转移、变卖、毁损、挥霍夫妻共同财产或者伪造共同债务等严重损害夫妻共同财产利益的行为；

（二）一方负有法定扶养义务的人患重大疾病需要医治，另一方不同意支付相关医疗费用。

案 例

狗蛋和翠花结婚后,翠花发现自己遇人不淑,狗蛋染上了赌博恶习,一直挥霍家里的财产。屋漏偏逢连夜雨,翠花的妈妈还生病住院,但狗蛋一直不同意出钱给岳母看病。翠花想提出离婚,分割财产,这样就有钱能医治母亲的病。但离婚需要时间,妈妈的病需要及时治疗,等不了那么长时间。

在这种情况下,翠花如何是好?如我们前面所说,不幸的翠花"赶上"了婚姻关系存续期间可以要求分割共同财产的两种法律情形。因此她可以马上起诉,不提离婚,只要求分割共同财产即可。程序上相对简便,判决生效之后就可以分割财产。一方面能及时止损,狗蛋不能任意挥霍夫妻共同财产,另一方面翠花妈妈也能得到及时救治。

这也是《民法典》人性化的一处亮点,相较之前的《婚姻法》的相关规定,它更加"保护和关爱弱势群体",弥补了夫妻婚内不能分割共同财产的遗憾,实际上能更多元、更完善地保障夫妻财产权益。

● **富豪、明星们的成熟经验,普通人也可以借鉴!**

前段时间,翠花的偶像结婚了,据爆料,这位国民级明星为了赢得美人心,跟太太进行了婚前财产公证,如果将来分手,太太将拥有他的亿万财产。翠花在"失恋"的同时,也被偶像展现出的豪气震撼,她也希望未来的老公能如此爱自己。

那么,我们普通人可以像这些明星、富豪一样,对财产进行约定吗?答案是当然可以。法律面前人人平等。

法 条

《民法典》第一千零六十五条第一款 男女双方可以约定婚姻关系存续期间所得的财产以及婚前财产归各自所有、共同所有或者部分各自所有、部分共同所有。约定应当采用书面形式。没有约定或者约定不明确的,适用

> 本法第一千零六十二条、第一千零六十三条的规定。

如果用更通俗易懂的话来说明,就是只要你的钱合法,且你们之间的约定不违法,想给多少、怎么给,都随你们约定,法律不会干涉!

当然,也有一些特例。

第一,只约定不过户的,法律不保护产权。普通的财产没问题,约定即生效。但房子需要进行过户登记,比如,男方把婚前个人所有的房子约定为夫妻共有,但迟迟没有办理登记,这意味着没有实际履行该约定。

当然,女方可以要求按照约定,把房子过户到自己名下,或者把自己的名字加在不动产登记簿上,但不能直接获得这套房的共同共有权。

第二,净身出户约定无效。百年修得同船渡,千年修得共枕眠,一朝成为夫妻也是一种缘分。因此有些人在婚前协议中约定一些要彼此忠诚的条款,比如,谁出轨谁不要财产,谁提离婚谁不分得财产等,是不是听着挺唬人的?

但这属于道德情感领域的范畴,不应由法律干预调整,赋予其强制执行力,而且变相剥夺了一方的离婚自由权,是无效的。

有些话听着挺甜的,但还是要保持一定的清醒和理智,别被对方的甜言蜜语给骗了,缘分和幸福都得之不易,都该且行且珍惜。

三、一拍能否两散

● 请你冷静一下，再冷静一下

婚姻真的是爱情的坟墓吗？

我的答案是没有感情的婚姻是不道德的。同样地，没有感情而强行维系的婚姻是强人所难。

如果两人真走到了离婚这步，个人认为不如依法行事，各自安好。在妥善进行了财产分割和安排好子女抚养的前提下，可以在离婚后去自由地追求新生活。这也是法律规定离婚制度的本意，目的同样在于维护个人权益、维持社会稳定。

由于身处离婚阶段的男女，抛开感情因素后，对待后续财产、子女的问题，一定比之前更加冷静客观，一定会在合法的框架内尽力争取自己的权益,所以,我们在这一部分,会给大家提供更多实务干货,解读法律重点。而关于离婚,《民法典》新规定里有个备受瞩目的"离婚冷静期"。

法条

《民法典》第一千零七十七条　自婚姻登记机关收到离婚登记申请之日起三十日内,任何一方不愿意离婚的,可以向婚姻登记机关撤回离婚登记申请。

前款规定期限届满后三十日内,双方应当亲自到婚姻登记机关申请发给离婚证;未申请的,视为撤回离婚登记申请。

案例

狗蛋作为一位资深的"妻管严",在结婚后就不断地扪心自问,是不是还要继续这段无爱的婚姻。在一个风雨交加的夜晚,狗蛋终于鼓起勇气向翠花提出了离婚。翠花见狗蛋去意已决,便同意了第二天一起去民政局办理离婚手续。

两人在民政局填了离婚登记申请后,工作人员对他俩说,你们一方要是后悔,不想离了,就在 30 日内把离婚登记申请撤回去;如果确定要离,双方在 30 日后再一起申请离婚证,暂时都先回去冷静考虑一下。30 天很快过去了,这期间狗蛋和翠花都没去民政局撤回离婚登记申请。于是,第 31 天的时候,狗蛋去民政局申请离婚证。但遭到了拒绝,因为翠花没有来。

狗蛋要想成功离婚,在和翠花申请离婚登记后,需要 30 日内任何一方都没有去撤回离婚申请,并且双方要在 30 日期满后的下一个 30 日之内,一起去申请颁发离婚证。由于翠花没有和狗蛋一起申请颁发离婚证,本次离婚申请自动失效。

结婚要冷静,离婚更要冷静。

新的协议离婚程序给了大家更多思考的时间,但也有人因此接连提出了多个疑问:"离婚冷静期"制度的意义何在?这不是无端增加离婚难度吗?如果存在家暴,几十天的"冷静期"会不会增加弱势方的人身风险?

不错,这些问题都问得很好,我从法律角度解答一下:

首先,这个制度仅适用于协议离婚。如果双方矛盾比较深,争议比较大,对财产分割和子女抚养无法达成一致意见,那可以去法院起诉离婚,不受"冷静期"的限制。

其次,如果存在家暴情况,可以根据《中华人民共和国反家庭暴力法》采取一系列保护措施,人民法院甚至可以在24小时内发出人身保护令,保护弱势一方。因此,不存在大家担心的增加风险的问题。

最后,这个制度的初衷是为了维持婚姻的稳定状态,避免夫妻双方因为家庭琐事一时冲动而不计后果地离婚。

都说时间是解决一切的良药,希望这个"冷静期"制度能取得更好的社会效果,让更多成年人为自己做出的每一个决定负责。

◆ 不想冷静行不行？

我们回到上一篇提到的案例,翠花在 30 天后,没和狗蛋一起去民政局申请离婚证,导致狗蛋离婚失败,那这婚就一定离不成了吗？其实,我刚才也提到了,狗蛋可以起诉离婚。

我们都知道法律规定的离婚方式有两种：协议和诉讼。狗蛋协议离婚失败,还可以委托律师,或者通过一纸诉状将翠花诉至法院。

> **法　条**
>
> 　　《民法典》第一千零七十九条　夫妻一方要求离婚的,可以由有关组织进行调解或者直接向人民法院提起离婚诉讼。
>
> 　　人民法院审理离婚案件,应当进行调解；如果感情确已破裂,调解无效的,应当准予离婚。
>
> 　　有下列情形之一,调解无效的,应当准予离婚：
>
> 　　(一)重婚或者与他人同居；
>
> 　　(二)实施家庭暴力或者虐待、遗弃家庭成员；

> （三）有赌博、吸毒等恶习屡教不改；
>
> （四）因感情不和分居满二年；
>
> （五）其他导致夫妻感情破裂的情形。
>
> 一方被宣告失踪，另一方提起离婚诉讼的，应当准予离婚。
>
> 经人民法院判决不准离婚后，双方又分居满一年，一方再次提起离婚诉讼的，应当准予离婚。

当狗蛋起诉离婚时，翠花没有重婚，没有与他人同居，没有实施家庭暴力，没有虐待、遗弃家庭成员，没有赌博、吸毒等恶习屡教不改，也没有因感情不和分居满二年等法定离婚事由，就是"妻管严"的狗蛋想逃离爱情的坟墓。

没问题，起诉两次后，基本上就能达到离婚目的。只要一方铁了心想离婚，就只是个时间问题。但我有必要提醒大家一句：通过诉讼离婚，并不是拿到法院判决书那一刻就解除了婚姻关系，还需要等到判决生效才可以。

那何谓生效？就是说在拿到法院的判决书后，在规定时期内没有上诉，然后判决生效，这时才是真正离婚了，自由了。如果你在判决书生效前,又匆忙和别人登记结婚,这很可能构成"重婚罪"。

● 对不起,四种情形不许离

看到这个标题可能有人要问了,说好的结婚自由、离婚自愿呢?为什么还有四种情形不允许提出离婚?

一句话,**自由是原则,限制是例外**。法律为了保护特定人群的权利,做出了有限的四种特别规定,限制了一部分的离婚自由。

我们来一起看看具体规定。

> **法 条**
>
> 《民法典》第一千零八十一条 现役军人的配偶要求离婚,应当征得军人同意,但是军人一方有重大过错的除外。

此条的目的是保护军人的婚姻稳定性。因为军人的职业特点,需要长期在外保家卫国,法律有必要对军人予以一定的特殊保护。

但是,也没有绝对禁止军人配偶提出离婚。如果军人有重大过错,其配偶可以请求离婚。所谓的重大过错,即与他人重婚、同居,家暴或遗弃、虐待,有赌博、吸毒等恶习导致夫妻感情破裂,有以上情形的,法律不会保护军婚,不管军人是否同意离婚,法院均可依法判决双方离婚。

另外,为了保障女性及儿童的权益,《民法典》第一千零八十二条规定,"女方在怀孕期间、分娩后一年内或者终止妊娠后六个月内,男方不得提出离婚;但是,女方提出离婚或者人民法院认为确有必要受理男方离婚请求的除外"。

对女性来说,生孩子是一件大事,将极大地考验身心健康,而刚出生的孩子也是需要呵护的对象,因此法律有此规定。

如果作为家中顶梁柱的男性,在此时提出离婚并获得了支持,对妇女、孩童而言显然不公平。一个文明而人道的社会,制定这样的法律,体现了其应有的温度。

如果我们用更通俗的语言解读该规定就是说:第一,妻子怀孕期内,丈夫不许提离婚;第二,妻子生孩子之日起一年内,丈夫也不能提离婚；第三，妻子小产之日起六个月内，丈夫还是不能提离婚。这些都是特定限制男性离婚请求权的规定。

当然，法律条文的制定，都经过了慎重考量。该条款最后一句话是"女方提出离婚或者人民法院认为确有必要受理男方离婚请求的除外"，说明法律并未绝对禁止男性提出离婚，也讲究具体问题具体分析。

不过，大家不要忽略了一点，在男性禁止离婚的三种情形中，没有"重大过错"除外的可能。简单来说，就是军人配偶可以"重大过错"为由提出离婚，但在《民法典》第一千零八十二条中提及的情况下，即使女性有"重大过错"，男性也不能提出离婚。

◆ 孩子到底该给谁？

如果没有分割财产、安排孩子抚养权的困扰，我觉得所有没有感情的夫妻，都可以多一个轻轻松松一拍两散的选项。因为在大部分人的婚姻关系里，财产是物质需求，孩子是情感寄托。

2016年1月1日，国家全面开放二孩政策；2021年5月31

日,又进一步允许生育三孩。如果是育有两个或者三个孩子的家庭,夫妻离婚后,往往双方都有机会抚养一到两个孩子。可是,之前一孩政策时期的夫妻,谁抚养唯一的孩子,就成了一个大问题。

对此,大家可以记住三个年龄:

第一,不到两周岁的孩子,首选给妈妈。除非妈妈因为特殊情况不能抚养孩子,比如,有刑事犯罪记录,有吸毒、家暴恶习,身体有重大疾患,等等。

第二,两周岁到八周岁,以有利于孩子为原则。这里说的"有利于",并非看父母双方谁更有钱,而是综合考量谁对孩子的成长、教育、生活最有利。考量内容包括学历、职业、收入、住房、有无犯罪记录和不良嗜好等。可以说,比拼的是综合实力。

第三,八周岁以上,孩子说跟谁就跟谁。

我在平时工作中,时常被当事人询问孩子的抚养问题,只要记住上面说的三个年龄段,答案一目了然。

法条

《民法典》第一千零八十四条 父母与子女间的关系,不因父母离婚而消除。离婚后,子女无论由父或者母直接抚养,仍是父母双方的子女。

离婚后,父母对于子女仍有抚养、教育、保护的权利和义务。

离婚后,不满两周岁的子女,以由母亲直接抚养为原则。已满两周岁的子女,父母双方对抚养问题协议不成的,由人民法院根据双方的具体情况,按照最有利于未成年子女的原则判决。子女已满八周岁的,应当尊重其真实意愿。

案例

狗蛋和翠花于 2012 年登记结婚,婚后生育一女,取名小芳。小芳六岁时,狗蛋和翠花因感情破裂协议离婚,离婚协议中约定小芳由狗蛋抚养、教育,翠花有探视权。两人离婚后,小芳先由狗蛋抚养。小芳满八岁后,转由翠花抚养,其间狗蛋缴纳了部分学费。

也就是这时,翠花要求变更抚养关系,既然小芳已经

> 年满八周岁,那就应当充分尊重小芳的话语权。如果小芳明确表示愿意继续跟妈妈一起生活,那就一定会如小芳所愿,由狗蛋每月支付给小芳一定的抚养费。

不抚养孩子的一方,必须出抚养费。而抚养费的具体数额,根据收入状况和当地生活水平综合考量,有固定收入的是每月收入的 20% ~ 30%。

● 财产到底怎么分?

前面解决了孩子的抚养问题,现在还有财产分割的困扰,夫妻离婚时,到底哪些财产可以分割?

比如,婚前送给男朋友的劳力士手表可以分割吗?婚后送给妻子的珠宝可以分割吗?男方爸妈给买的婚房又该怎么分?想解决这些问题,首先要分清楚哪些是个人财产,哪些是夫妻共同财产,因为离婚时分割的财产,只有夫妻共同财产。

法 条

《民法典》第一千零六十三条　下列财产为夫妻一方的个人财产：

（一）一方的婚前财产；

（二）一方因受到人身损害获得的赔偿或者补偿；

（三）遗嘱或者赠与合同中确定只归一方的财产；

（四）一方专用的生活用品；

（五）其他应当归一方的财产。

因此，男友的劳力士手表、妻子的珠宝都属于个人财产，离婚时不会用于分割。

而根据我们在前面说过的《民法典》第一千零六十二条，夫妻在婚姻关系存续期间所得的"继承或者受赠的财产"为夫妻的共同财产，归夫妻共同所有。所以爸妈给买的婚房，要看之前有没有事先约定好只给儿子。如果有，就属于个人财产；如果没有，则是共同财产，妻子可以分割。

当然，夫妻共同财产具体怎样分割，应由双方协商处理，协商不成的,则根据《民法典》第一千零八十七条中规定的"离婚时,夫妻的共同财产由双方协议处理;协议不成的,由人民法院根据财产的具体情况,按照照顾子女、女方和无过错方权益的原则判决"来处理。

● 破镜重圆是好事,但别忽略了一个细节

当初,狗蛋一直想要走出"爱情的坟墓",但等他真正走出来后,又开始悔不当初,觉得不应该跟翠花离婚,而翠花也觉得离婚对孩子伤害太大。

那他们可以破镜重圆吗?

当然没问题,只要双方你情我愿,他们可以选择复婚。

> **法 条**
>
> 《民法典》第一千零八十三条 离婚后,男女双方自愿恢复婚姻关系的,应当到婚姻登记机关重新进行结婚登记。

但是,你是否注意到了一个细节——**重新登记?**这意味着复婚并不是两个人搬回原来的房子继续生活那么简单,必须再去民政局登记领证。如果不重新办理结婚登记,再拿一次结婚证,双方就不属于夫妻关系,而属于同居关系。

案 例

假如狗蛋和翠花离婚后,狗蛋后悔了,他想起翠花的勤俭持家、吃苦耐劳,同时又想到自己曾经犯下的错,觉得自己对婚姻破裂负有不可推卸的责任。因此,在听到翠花离婚之后生活并不如意后,已经痛改前非的狗蛋主动帮助翠花。

而这两年见过人间冷暖的翠花,对狗蛋的善意十分感激,又经过一段时间的相处后,两人重新搬到一起,对外称已经复合了,但他们并没有重新登记。

一年后的某天,狗蛋不幸出了一场车祸,因受伤太重没能抢救回来。而狗蛋的父母不承认翠花和狗蛋的夫妻关系,不仅拿走了狗蛋的遗产,还领走了车祸后的赔偿。翠花不服,提起诉讼。但很遗憾,就因为狗蛋和

> 翠花没有重新办理登记手续，二人属于同居关系，不受法律保护。
>
> 就像我们前面说过的，**结婚和同居在法律后果方面有天壤之别，同居关系得不到法律的充分保护。**

◆ 挥霍可以，不分给你！

在婚姻中，夫妻感情的流逝，不是一朝一夕的事，往往会经历一段较长的时间。同时，因为存在夫妻共同财产，所以有些"聪明人"开始想办法耍起小心思了。

因为感情不和早晚要离婚？离婚还要分割共同财产？那好，就让你分不到。在还未离婚前，他们就想办法把钱花掉。

常用的套路，就是买玉器、宝石。所谓"黄金有价玉无价"，先找朋友买一块"美玉"，也就是花三百万买一块石头，等分割财产的时候，经专家鉴定这块石头市值只有一万元，那好，一人分五千，是不是特别可恨？**而对这种侵占另一方财产的违法行为，法律是严格禁止的，这种行为甚至涉嫌刑事犯罪。**

> **法 条**
>
> 《民法典》第一千零九十二条 夫妻一方隐藏、转移、变卖、毁损、挥霍夫妻共同财产,或者伪造夫妻共同债务企图侵占另一方财产的,在离婚分割夫妻共同财产时,对该方可以少分或者不分。离婚后,另一方发现有上述行为的,可以向人民法院提起诉讼,请求再次分割夫妻共同财产。

法律不会让恶意者获益,这是基本原则。法律必将惩罚规则破坏者,这是法律目的。

● 你得赔我损失!

在大多数情况下,感情破裂的夫妻双方,是能理智地对待离婚、子女抚养以及财产分割等问题的。无论是选择协议离婚还是诉讼离婚,经过财产分割和确认子女抚养权,拿到离婚证或者离婚判决书,为上一段感情画上句号。

其实,大部分的离婚纠纷,谈不上谁对谁错,清官难断家务事,感情问题谁又说得清楚?但有几种特殊情况是存在过错方的,另外,过错的种类不少,结果也很明确,过错方要给没有过错的一方赔钱!

法 条

《民法典》第一千零九十一条　有下列情形之一,导致离婚的,无过错方有权请求损害赔偿:

(一) 重婚;

(二) 与他人同居;

(三) 实施家庭暴力;

(四) 虐待、遗弃家庭成员;

(五) 有其他重大过错。

案 例

狗蛋与翠花原系夫妻关系，出于性格不合等原因，双方争吵多次导致感情破裂。之后，狗蛋隐瞒其婚内出轨情况。两人于2021年1月25日协议离婚。

然而，两人离婚三个月后，翠花意外得知狗蛋在非常短的时间内跟他人结婚，并育有一子，她根据对方怀孕生子所需的时间推算，发现狗蛋实际上是婚内出轨。

经过查实后，翠花发现狗蛋确实在婚内背叛了自己。因此，翠花认为狗蛋违背了婚姻忠诚义务，系重大过错。要求狗蛋支付损害赔偿金5万元。

结果如翠花所愿：夫妻双方在婚姻关系存续期间本应履行夫妻间的忠诚义务。狗蛋在婚内与他人同居并致其怀孕，在离婚后生育一子的行为违反了该义务，构成《民法典》第一千零九十一条规定的"重大过错"，依法应予赔偿。

当然，大家可能注意到了条款里的"**有权**"二字。

既然是权利，那就可以放弃，这是权利人的自由。也就是说，这笔赔偿金无过错方可以要，也可以不要。这取决于无过错方在离婚诉讼中是不是将其列为诉讼请求的一项。如果考虑尽快离婚，或者无过错方觉得夫妻一场，宽宏大量，愿意不追究对方的责任，那法律也尊重个人选择。

　　至此，婚姻这件大事儿就讲清楚了，希望大家都能和所爱之人共同经营好婚姻。

法律无非柴米油盐

CHAPTER 03

遗产继承

每个人都有财产，每个人的合法私有财产都受到国家法律保护。当然，这些私人财产在所有者百年之后，不可避免地会涉及继承。

其实，遗产继承跟每个家庭、每个人息息相关。作为一名律师，我见过太多因为遗产继承产生家庭纠纷的案例。处理不好遗产问题，势必引发家庭不睦、兄弟纷争，很可能多年亲情毁于一旦，亲人老死不相往来，这是微观视角。

而从宏观的社会视角来看，每个家庭都是构成社会的最小细胞。如果遗产问题导致家庭不稳定，也会引起整个社会的动荡。因此，国家非常重视遗产继承领域的立法，《民法典》中也专门设立了继承编。这一章我们就来学习一下跟大家密切相关的几个遗产继承的知识点。

为了避免后代反目成仇,真心建议立遗嘱

之前,我们团队为客户提供"家族财富传承"咨询时,遇到过一位家财颇丰的企业家,他说:"既然法律已经规定了法定继承,我立不立遗嘱又有什么关系?反正财产就是我们家的,归根结底属于我的家人啊!"

从这位企业家的叙述就能看出来,他对"法定继承"的概念并不了解。为了说清楚遗嘱的重要性,首先得从"法定继承"的概念切入。简单来说,法定继承就是指在没有立遗嘱的情况下,一切按照法律规定来继承遗产。

那由谁来继承呢?

第一顺序继承人：配偶、父母、子女；第二顺序继承人：兄弟姐妹、祖父母、外祖父母。

在被继承人过世后，也就是继承开始时，先由第一顺序继承人继承；如果没有第一顺序继承人，才轮得到第二顺序继承人继承。其中需要注意的是，《民法典》第一千一百二十九条规定："丧偶儿媳对公婆，丧偶女婿对岳父母，尽了主要赡养义务的，作为第一顺序继承人。"

同理，按照上述的继承顺序，如果企业家先于其太太、父母、子女去世，这没问题，这些第一顺序继承人根据法定继承不会让家族财产旁落。但是，如果在某一次突发事故中，太太、父母、子女不幸先于企业家过世，哪怕早一分钟，而企业家随后撒手人寰，第二顺序继承人顺利上位，注意，这时候企业家的兄弟姐妹也有可能来分割遗产！

情况越复杂，越不受被继承人的意愿所控。

因此，在我们跟企业家讲解完这些法律知识后，他才恍然大悟，原来，不写遗嘱真的无法保证自己的财产完全由直系亲属继承啊。立遗嘱绝不是一种形式主义。

当然，也有人觉得自己是独生子女，父母不需要立遗嘱。事实上，独生子女的父母更应该立遗嘱，将遗产以及身后事务处理好,避免出现麻烦。

因为根据我们前面已经讲解过的《民法典》的相关规定,继承的财产归夫妻共同所有,但"遗嘱或者赠与合同中确定只归一方的财产"除外。假如你的婚姻状况不稳定,一旦离婚,继承的财产也会被分掉。可如果事先有父母的遗嘱在手,就算离婚了,也不必分割这部分财产。所以为了让后代和和睦睦,一份合法、清晰的遗嘱必不可少。

至于怎么立遗嘱,作为被继承人,只要不违法,当然是想怎么做就怎么做,你完全可以任意处置自己的合法财产。就算家里有三个孩子,你也可以想给谁就给谁,每个人分多少,都由你说了算。

立个遗嘱而已,就是这么任性!

◆ 给你遗产,要不要?

看完上一篇,你是不是觉得立了遗嘱就万事大吉了?其实,关于遗产继承还有很多坑需要你提前学会如何避开。

对于从天而降的遗产,你觉得是福还是祸呢?可能很多人会说,白得的遗产,当然是福气了,很可能晚上做梦都要笑醒的。但看完下面的案例,你可能会改变这个想法。

案 例

大一新生小红已满十八周岁,她曾前往中华遗嘱库上海第二登记中心为自己订立遗嘱。她希望把自己银行卡里的两万多元存款留给大学好友小丽。

当时小丽心里想,真是好闺密啊,就很乐意地接受了。世事难料,小红不幸意外去世。之前小红在遗嘱里提到的两万块钱,也真通过正规程序给了小丽。但小丽怎么也没想到,有一天贷款公司会找到自己,一通电话惊醒梦中人,小红生前竟还有债务。更让小丽傻眼的是,贷款公司要求她替小红偿还债务。

法　条

《民法典》第一千一百五十九条　分割遗产,应当清偿被继承人依法应当缴纳的税款和债务；但是,应当为缺乏劳动能力又没有生活来源的继承人保留必要的遗产。

《民法典》第一千一百六十一条　继承人以所得遗产实际价值为限清偿被继承人依法应当缴纳的税款和债务。超过遗产实际价值部分,继承人自愿偿还的不在此限。

继承人放弃继承的,对被继承人依法应当缴纳的税款和债务可以不负清偿责任。

根据上述条款可得知,小丽想拿到小红遗嘱里的两万元,必须得把对方生前的债务还了才可以。

权利和义务相对等,是万古不变的民事法律原则,其实这很公平。也就是说,如果继承人放弃继承,对被继承人依法应当缴纳的税款和债务,可以不负清偿责任。

对于从天而降的遗产,我们可以选择不继承,不过一定要在继承开始后,以书面方式作出表示!而不是简单地说一句"什么遗产,我就不继承了,你们拿走吧"。如果是这样,有可能会被认为是"接受继承"。

因为《民法典》第一千一百二十四条规定,"继承开始后,继承人放弃继承的,应当在遗产处理前,以书面形式作出放弃继承的表示;没有表示的,视为接受继承"。

所以,如果天降横财,大家一定要想一想那句老话,天下没有免费的午餐!

● 七大姑八大姨,到底谁是继承人?

我们前面强调过,独生子女父母最好能生前立好遗嘱,这样可以避免七大姑八大姨都来争遗产的情况。之所以会出现这种情况,关键在于被继承人的"父母",如果独生子女的父母因意外离世,且爷爷奶奶、外公外婆还在世,那遗产继承问题就会变得很复杂。

当然,在有第一顺序继承人的情况下,七大姑八大姨不是直接参与独生子女家的遗产继承,而是从独生子女的爷爷奶奶、外公外婆那里继承遗产份额。

法 条

《民法典》第一千一百二十八条 被继承人的子女先于被继承人死亡的，由被继承人的子女的直系晚辈血亲代位继承。

被继承人的兄弟姐妹先于被继承人死亡的，由被继承人的兄弟姐妹的子女代位继承。

代位继承人一般只能继承被代位继承人有权继承的遗产份额。

案 例

小红的妈妈不幸去世了，她生前没有遗嘱，按照法定继承的条款，小红妈妈名下的遗产，首先由第一顺序继承人来继承。第一顺序继承人有两位：小红和小红的外公。

> 但在小红妈妈去世两年后,小红的外公也去世了。而这期间他们没有进行财产分割,遗产没有进行变动。

那么,小红妈妈去世时,外公继承的遗产该怎么处置?

首先,外公确实可以分割一部分遗产,虽然没做任何财产分割、办理任何手续,但是继承权仍然存在,该继承的财产份额仍然可以继承。

其次,外公去世后,从小红妈妈那里继承的份额又成为他本人的遗产,由他的第一顺位继承人继承,即应由他的配偶、子女、父母来继承法定份额。小红妈妈作为外公的子女,尽管之前就去世了,但她仍然可以继承一定份额,这部分份额就由小红来代位继承。如果外公还有其他子女,就是小红的七大姑八大姨,也可以按先后顺位来分割遗产。

很多人表示,无法理解这样的结果,凭什么关系那么远的亲属也能来分割财产?但这是法律的规定,也是不立遗嘱的法律后果。如果不想看到这种后果,办法很简单——立遗嘱。

真的存在"完美遗嘱"吗？

既然立遗嘱如此重要，好处颇多，那怎样才能写出一份"完美遗嘱"呢？或者说真的存在"完美遗嘱"吗？

法定遗嘱的形式有六种：公证遗嘱、自书遗嘱、代书遗嘱、打印遗嘱、录音遗嘱和口头遗嘱。而在这六种遗嘱中，哪种遗嘱效力最高？有没有哪种遗嘱是"完美遗嘱"？

案 例

老王有大王、二王和小王三个孩子。老王于 2020 年 2 月 11 日亲笔书写了一份遗嘱，写明其全部遗产由大王继承。3 月 18 日，老王又请律师代写了一份遗嘱，写明其全部遗产由二王继承。7 月 9 日，老王制作了一份录音遗嘱，注明全部遗产由小王继承。

同年 8 月 13 日，老王听说遗嘱不符合条件可能无效，只有公证遗嘱效力最高，于是老王前往公证处申请办理了公证遗嘱，由二王继承其全部遗产。8 月 21 日，老王因病被小王送进医院，老王又立口头遗嘱一份，内容是全部遗产由小王继承。

如果老王因病去世,那么他的遗产到底该归谁?

法 条

《民法典》第一千一百四十二条 遗嘱人可以撤回、变更自己所立的遗嘱。

立遗嘱后,遗嘱人实施与遗嘱内容相反的民事法律行为的,视为对遗嘱相关内容的撤回。

立有数份遗嘱,内容相抵触的,以最后的遗嘱为准。

根据上述法条,老王的遗产应该归小王。

同时,不难看出,遗嘱不会因为它的形式而改变效力,只要符合它的形式要件,不管最后立的那份遗嘱是什么形式,还是以它为准。公证遗嘱虽然经过公证机关的公证,但如果它不是最后一份遗嘱,也不能生效。

只要立遗嘱时符合形式要件,不管你立过多少份,都是可以"反悔"的。不存在所谓的"完美遗嘱",只有能生效和不能生效的遗嘱。

● "再嫁女"还能继承前夫的遗产吗?

根据《民法典》的规定,如果有遗嘱就按照遗嘱继承,没有就按照法定顺序来继承遗产。看似有理有据、有法可依,但在现实生活中,总会出现各种各样的情况,比如,有人会问,"再嫁女"还能不能继承前夫的遗产?

案 例

小花与丈夫虎子结婚十多年,虎子因病去世,他曾立下遗嘱,孩子跟小花生活,财产也由妻子继承。因此,虎子离世后,小花根据遗嘱继承了全部遗产,并抚养儿子,也替虎子赡养父母。

三年后,小花遇到了一个合适的人想再婚,表示再婚后也会抚养儿子、赡养虎子的父母。但虎子的父母不允许儿媳再婚,否则小花就不能继承虎子的遗产。双方因此打起了官司。

我们曾在前面说过,遗嘱优于法定继承顺序,虎子生前立了遗嘱,只有小花有继承权。而虎子的父母和儿子,都没有继承人的身份。又因为继承所得属于个人财产,任何人都不得以任何理由要求他人在非自愿的情况下,将自己的个人财产拿出来进行分割。所以,虎子父母的要求是不合法的。无论小花之后和谁结婚,是否"再嫁",从虎子离世之日起,他留下的遗产就已经属于小花了。

因此,在现实生活中秉持封建老旧思想,认为"再嫁女"不能享有前夫的财产,甚至极力阻挠"再嫁女"依法继承遗产的人,他们侵犯了"再嫁女"的合法权益。继承人不分男女、不论婚姻状况、不分年龄大小,法律面前人人平等。

● 两姓旁人也有继承权

在现实生活中,还有一种传统观点认为,遗产只能由自己的家人或者后辈继承。如果没有后辈、家人,那这笔财产应当收归国有,为国家做贡献,总轮不到"两姓旁人"。

随着《民法典》时代的到来,各项规定也更加细化,所谓的"两姓旁人"也有可能继承遗产了。

我们前面提到过《民法典》第一千一百二十八条的内容,"被继承人的子女先于被继承人死亡的,由被继承人的子女的直系晚辈血亲代位继承。被继承人的兄弟姐妹先于被继承人死亡的,由被继承人的兄弟姐妹的子女代位继承。**代位继承人一般只能继承被代位继承人有权继承的遗产份额**"。

例如,小花的舅舅不幸去世了,舅舅的子女也早已不在,那么,小花可以理所应当地继承舅舅的遗产。虽然小花自己也感到意外,但她确实有继承权。当然,法律还是优先保护"自己人"。

所以,侄甥想要继承被继承人(舅舅)的遗产,需要满足以下几个条件:第一,被继承人没有配偶、父母、子女;第二,被继承人的兄弟姐妹先于他去世;第三,这时候侄甥就可以代位继承属于他父母份额的遗产。

如果用一句话总结，就是"两姓旁人"在符合特定条件的情况下，可以继承遗产。

◆ 儿子没了，儿子的儿子可以继承吗？

大家都知道，白发人送黑发人是一件令人痛心疾首的事，那如果此时"白发人"也不幸去世了，该由谁继承遗产呢？这时候"黑发人"的子女，也就是"白发人"的孙子孙女，可以代替父亲继承爷爷的遗产吗？

在"白发人"没有立遗嘱的情况下，会进入法定继承的特殊方式，法律术语叫代位继承。通俗来说，就是爸爸去世，但爷爷还在，而爷爷也驾鹤西去后，爷爷的遗产中本该有爸爸的一份，这一份可以由孙子来继承。

|||||||||||||||||| 案 例 🔨 ||||||||||||||||||

小王是独生子，其父母离异多年，父亲始终未再婚。小王的曾祖父和曾祖母早已病逝。2021年4月小王爷

> 爷因病离世，留下一套房产。而在此之前，小王父亲也不幸于2020年7月病逝。在对小王爷爷的遗产进行分配时，小王和其他继承人（奶奶、大伯）发生了纠纷。小王的奶奶及其大伯认为：小王父亲对该房产有继承权，但小王作为孙辈，不是法定继承人，小王不应该参与遗产分割。

我们来分析一下这个案例。《民法典》第一千一百二十八条第一款规定："被继承人的子女先于被继承人死亡的，由被继承人的子女的直系晚辈血亲代位继承。"小王父亲先于爷爷去世，根据法律规定，小王父亲这一部分份额应由小王"代位继承"。因此，小王爷爷去世时，对其遗产有继承权的应是小王奶奶、小王大伯和小王三人。

小王有权继承其父亲应当继承的爷爷遗产份额。所以，他可以继承爷爷留下的遗产。当然，我们上面探讨的前提是没有遗嘱，如果有遗嘱，一切按照遗嘱执行即可。

法律也可怜天下父母心

大家都希望看到父慈子孝、兄友弟恭的场景,这原本就是值得提倡的美德。但人性不可捉摸,正如犯罪不可能被消灭一般,我们只能用法律、用规则尽可能地减少犯罪行为。在现实生活中,不乏子女为获得遗产,想方设法地侵犯被继承人或者其他继承人的权利,甚至不惜伪造证据、伤害他人的情况。

立法考虑到了这种道德风险。于是,有专门的法律规定,凡涉及这类不择手段的情形,继承人将丧失继承权。一旦丧失,再无挽回余地。

不过,《民法典》的一个进步之处就是更加人性化,让那些愿意宽恕"不孝子女"的父母,有了更弹性的对待方式。

法 条

《民法典》第一千一百二十五条　继承人有下列行为之一的,丧失继承权:

(一)故意杀害被继承人;

(二)为争夺遗产而杀害其他继承人;

> (三)遗弃被继承人,或者虐待被继承人情节严重;
>
> (四)伪造、篡改、隐匿或者销毁遗嘱,情节严重;
>
> (五)以欺诈、胁迫手段迫使或者妨碍被继承人设立、变更或者撤回遗嘱,情节严重。
>
> **继承人有前款第三项至第五项行为,确有悔改表现,被继承人表示宽恕或者事后在遗嘱中将其列为继承人的,该继承人不丧失继承权。**
>
> 受遗赠人有本条第一款规定行为的,丧失受遗赠权。

如果父母宽恕了子女前述某些行为,还是在遗嘱中将其列为继承人,法律既往不咎,可以恢复其继承人资格。

可怜天下父母心,虽法律有这样人性化的制度,但还是奉劝大家,孝敬父母才是第一要义,千万不要为了得到一些财产而钩心斗角,丧失良知。

法律无非柴米油盐

CHAPTER 04

网购时代如何维权

你有多久没有去过实体店购物了?随着中国进入互联网时代,网购成了人们的主流生活方式之一。有人习惯通过天猫、淘宝、京东、拼多多等电商平台购物,也有人喜欢在直播间挑选心仪已久的商品,在享受方便快捷的服务、物美价廉的商品的同时,随之而来的还有以次充好、欺诈性交易等问题。

　　那么,大家在互联网时代如何有效维权?维权渠道有哪些?我们的维权成本比过去增加了还是减少了?不少人在这些问题前显得困惑而无助,本章我们就来探讨一下这些问题。

找商家？厂家？

生活中，大家总免不了消费购物，但一定要擦亮眼睛，不要被劣质产品蒙蔽了双眼。可面对没有底线的黑心商家，总有防不胜防的时候。如果消费者买到了假冒伪劣产品，到底先找谁赔偿呢？这个问题的答案很简单，别犹豫，谁在就找谁。

> **法 条**
>
> 《中华人民共和国产品质量法》第四十三条　因产品存在缺陷造成人身、他人财产损害的，受害人可以向产

品的生产者要求赔偿，也可以向产品的销售者要求赔偿。属于产品的生产者的责任，产品的销售者赔偿的，产品的销售者有权向产品的生产者追偿。属于产品的销售者的责任，产品的生产者赔偿的，产品的生产者有权向产品的销售者追偿。

案 例

小李在某电商网站买了一个电饭锅。某天，正在煮饭的电饭锅嘭的一声爆炸了，不但烧毁了厨房的墙面、屋顶，连小李最爱的冰箱也给炸坏了。面对这种情况，小李该找谁赔偿呢？按照上述条款，小李可以想找谁就找谁，但我认为，找商家（如电商平台自营，则找平台）最方便也最有效。

> **法 条**
>
> 《中华人民共和国消费者权益保护法》(以下简称《消费者权益保护法》)第三十九条 消费者和经营者发生消费者权益争议的,可以通过下列途径解决:
>
> (一)与经营者协商和解;
>
> (二)请求消费者协会或者依法成立的其他调解组织调解;
>
> (三)向有关行政部门投诉;
>
> (四)根据与经营者达成的仲裁协议提请仲裁机构仲裁;
>
> (五)向人民法院提起诉讼。

● 假一到底赔三还是赔十?

估计大家都听过"假一赔三"或者"假一赔十"吧,这本质上是一种惩罚性赔偿。目的是威慑不良卖家,防止他们在销售过程中进行消费欺诈。但在日常生活中,还是有不少人遭遇过以次充好、以假当真的卖家,经营者知假售假,消费者无辜买单。

法 条

《消费者权益保护法》第五十五条　经营者提供商品或者服务有欺诈行为的,应当按照消费者的要求增加赔偿其受到的损失,增加赔偿的金额为消费者购买商品的价款或者接受服务的费用的三倍;增加赔偿的金额不足五百元的,为五百元。法律另有规定的,依照其规定。

《中华人民共和国食品安全法》（以下简称《食品安全法》）第一百四十八条第二款　生产不符合食品安全标准的食品或者经营明知是不符合食品安全标准的食品,消费者除要求赔偿损失外,还可以向生产者或者经营者要求支付价款十倍或者损失三倍的赔偿金;增加赔偿的金额不足一千元的,为一千元。但是,食品的标签、说明书存在不影响食品安全且不会对消费者造成误导的瑕疵的除外。

简单来说,普通商品,假一赔三;入口的食品,假一赔十。但普通商品的赔偿金额不低于500元,食品的不低于1000元。

还有一种情况,如果某主播、某网站声称自己的商品保真,一旦出现问题假一赔万!

对于主播、平台做出这样的承诺,法律是允许的。因为单方承诺不违法,但只要出现问题,就必须履行承诺。

如果为了吸引眼球提出"假一赔万",等出了问题却想按照法律规定"假一赔三"来处理,那这不是守法,而是耍赖!

案 例

某平台头部主播在直播间低价售卖某品牌手机,某数码博主愤然曝光该直播间卖的是山寨机。该数码博主称,自己第一次在直播间买手机,就踩坑了,非常气愤。所以决定依法维权。

他列举了已购手机的诸多问题:第一,手机的进网许可信息在工信部查询不到,必然是贴牌机;第二,直播间宣传有3个摄像头,但到手后发现只有一个摄像头能用;

> 第三，主播宣传称手机是 8GB 内存 +128GB 存储组合，到手后发现只有 4GB 内存 +64GB 存储空间。
>
> 经核实后，确认该曝光信息属实。因此该平台方被要求按照自身规定的"假一赔九"对已购买该手机的消费者进行赔偿。最后，平台方、涉事主播以及涉事品牌方，各给予消费者 3 倍购机款赔偿，且退款不退货。

不得不说，这个结果完全是非法牟利者咎由自取。法律赋予了消费者权利，我们也不能让权利沉睡，遇到侵权行为不要沉默，只有合理行使法律赋予的权利，才能推动市场更规范地发展。

● 主播忽悠人怎么办？

京、冀两地消费者协会联合发布的直播带货消费问卷调查结果显示，在有直播带货购物经历的受访者中，29.52% 的人对网红明星直播带货的总体印象是"质次价高，体验较差"。可以看出，不少消费者对网络直播购物的体验感不佳。

也有数据显示，2020年，全国12315平台共受理直播投诉举报2.55万件，其中"直播带货"占比近8成，同比增长357.74%，而平台也为消费者挽回经济损失835.53万元。

那么，如果大家在生活中遇到了所购产品与主播介绍不符的情况，该怎么办？

案 例

> 小李特别喜欢某位带货主播。主播生日当天，在直播间搞活动，促销力度很大。小李听着主播亲和又幽默的介绍，买了好多东西。活动结束后，小李发现这堆东西里的很多产品都与主播介绍的不符。他立刻进行了投诉。但主播团队在收到小李的投诉后，回应称"我们只是广告代言人，有问题别找我们，你直接找厂家吧"。

看罢上述案例，我可以肯定地告诉大家，他们在忽悠小李。《广告法》第五十六条规定，"广告经营者、广告发布者不能提供广告主的真实名称、地址和有效联系方式的，消费者可以要求广告经营者、广告发布者先行赔偿"。

我们可以把主播界定为"广告发布者"。小李不必因为这个主播团队轻飘飘的回应而着急，他此刻最需要做的是，立即保留好相关证据向该平台主张退货，同时依法向市场监督部门投诉，该主播会为自己的欺骗、误导行为付出相应的法律代价。

当然，还有一种情况，如果小李是在用了产品三个月后，才发现当初购买的产品与宣传不符，他这时急急忙忙找平台协商，而平台给予的答复是"时间太久了，当时直播的视频早已经没有了。现在没有证据证明，是该产品当时有问题，还是因为后期存储不当等产生的问题"。听到这个回答，小李也觉得自己得认栽了。

但事实上，法律规定对于从事网络直播服务的，其网络交易活动的直播视频，自直播结束之日起应当保存不少于三年。这个"不少于三年"，就意味着至少保留三年。因此，直播平台有义务提供当初主播的带货视频，以此确定当时是不是存在虚假宣传。

所以，小李不必认栽，直播平台没有保存视频，反而是他们需要解决的问题,还可以继续维权!

这么做就是为了防止平台逃避责任,引导经营者规范经营,强化网络消费者合法权益保护力度。

> **法条** ⚖️
>
> 《网络交易监督管理办法》第二十条第二款 网络直播服务提供者对网络交易活动的直播视频保存时间自直播结束之日起不少于三年。

● 如何看待打假英雄?

不知道大家有没有看过那篇"网售自制香肠遭十倍索赔案"的报道,我是记忆犹新的,因为那篇报道不仅引起了广大网友的讨论,还是一起值得思考的民事诉讼案件。这个案件已通过网络开庭审理,不过没有当庭宣判,尚存在一些争议点。

案 例

　　四川一家猪肉摊老板,除了卖猪肉,还会熏制腊香肠在网上售卖。2021年春节前夕,一位叫"小王子"的顾客,看到该老板拍摄的视频后,主动联系他购买了2000元的腊香肠。几天后,"小王子"发来一张腊香肠包装袋漏气的照片,跟老板说:"你违法了,得赔偿我十倍的价钱。"

　　"小王子"说他原本是买来送人的礼品,但是发现其中的一包腊香肠包装袋漏气了,再加上腊香肠包装上没有生产日期,没敢送出,因此才要维护自己的权利。

　　本案的一个争议点是,网购的腊香肠是否属于预包装食品?"小王子"称属于,而猪肉摊老板的辩护律师称不是,对此,皆需举证证明。

　　不过,法律对于预包装食品有明确的说明。

法 条

《食品安全法》第六十七条　预包装食品的包装上应当有标签。标签应当标明下列事项：

（一）名称、规格、净含量、生产日期；

（二）成分或者配料表；

（三）生产者的名称、地址、联系方式；

（四）保质期；

（五）产品标准代号；

（六）贮存条件；

（七）所使用的食品添加剂在国家标准中的通用名称；

（八）生产许可证编号；

（九）法律、法规或者食品安全标准规定应当标明的其他事项。

专供婴幼儿和其他特定人群的主辅食品，其标签还应当标明主要营养成分及其含量。

食品安全国家标准对标签标注事项另有规定的，从其规定。

而本案的另一个争议点是,"小王子"是不是"职业打假人"?如果他"知假买假",还是不是消费者?

有记者调查发现,2017年,"小王子"与深圳某科技有限公司以及安徽某中药材销售有限公司有过合同纠纷诉讼,不过,这两起案件的结果都是"小王子"向法院提出撤诉申请。

在这个案件中,买家"小王子"起诉要求十倍赔偿金还有另一个法律依据。

法条

《食品安全法》第一百四十八条 消费者因不符合食品安全标准的食品受到损害的,可以向经营者要求赔偿损失,也可以向生产者要求赔偿损失。接到消费者赔偿要求的生产经营者,应当实行首负责任制,先行赔付,不得推诿;属于生产者责任的,经营者赔偿后有权向生产者追偿;属于经营者责任的,生产者赔偿后有权向经营者追偿。

生产不符合食品安全标准的食品或者经营明知是不符合食品安全标准的食品,消费者除要求赔偿损失外,还

> **可以向生产者或者经营者要求支付价款十倍或者损失三倍的赔偿金**;增加赔偿的金额不足一千元的,为一千元。但是,食品的标签、说明书存在不影响食品安全且不会对消费者造成误导的瑕疵的除外。

不过,在食品安全检查过程中,猪肉摊老板出示了四川省食品小作坊备案证、四川省食品小经营店备案证、营业执照以及健康证等证件,表示自己生产的腊香肠符合食品安全标准。

对此,**大家把目光聚集到了"职业打假人"这个特殊的群体。**

回到打假这件事本身,"职业打假人"维护了消费者的合法利益,让制假售假的人承担了法律责任,通过实际行动威慑了不法商贩,在客观上起到了积极作用。

但另一种观点认为,"职业打假人"购买商品的目的不是消费,而是获利,这也就意味着他们不是消费者。**既然不是消费者,就不应该适用《消费者权益保护法》中"假一赔三""假一赔十"的规定。**

那么,到底该如何界定一个人是不是"职业打假人"呢?

在审判实践中,如果有人在一定阶段、一定时间内,集中地、大量地买入某一种商品,然后在不同法院分别提起惩罚性赔偿诉讼，法院就会认为此种行为与单纯地为生活需要而购买、使用商品目的不同。也就是说，当一个人是为了营利而购买商品，就"属于变相的经营行为"，将被认定为不是消费者，因此此人"假一赔三""假一赔十"的主张无法得到支持。

"小王子"是不是"职业打假人"，我们不好下定论，得看法院最终如何认定。

但君子爱财，取之有道。如果是为了维护合法权益，可以打假，也必须打假。但不该借打假之名牟利，因为那样做已然违背了《消费者权益保护法》保护消费者权益的初衷。

● 互联网法院是管什么的？

你是否想过，有一天诉讼就像购物一样便捷，我们只需要通过手机或电脑就能参与庭审。随着互联网时代的到来，大家的购物方式逐渐从线下改到线上，这极大地方便了日常生活，人们足不出户就能完成购买、付款、收货。同时，网络购物纠纷也是最常见的互联网纠纷之一，每个消费者都有可能遇到相关的争议纠纷。

但由于最为紧要的数据全都存储在电脑上，一旦提起诉讼，我们还需将证据材料从电子版转化为纸质版，这不仅浪费了大量司法资源，耗费过多的人力、物力，还不利于纠纷的快速解决。

正是在这样的背景下，互联网法院应运而生，一站式解决线上纠纷，方便快捷，实现了资源共享。

那么，我们该如何理解互联网法院呢？

根据《最高人民法院关于互联网法院审理案件若干问题的规定》第一条，互联网法院审理案件应当以全程在线为基本原则，切实践行"网上纠纷网上审理"。所谓"全程在线"，是指案件的受理、送达、调解、证据交换、庭前准备、庭审、宣判等诉讼环节一般应当在互联网上完成。目前，互联网法院仅在杭州、北京、广州三个城市设立。

因此，有些人就断章取义地认为，所有网上发生的纠纷都归互联网法院管理。那真正情况是怎样的？是不是只要涉及网络的纠纷都由互联网法院管理呢？

其实，也不尽然。如果小李在网上与人签署了一份合同，但货物交易等都是线下进行的，当他们之间发生争议纠纷，就不是由互联网法院来管辖，而应当由其他法院管辖。因为在这类案件里,互联网只作为一种签订合同的媒介。

> **法条**
>
> 《最高人民法院关于互联网法院审理案件若干问题的规定》第二条 北京、广州、杭州互联网法院集中管辖所在市的辖区内应当由基层人民法院受理的下列第一审案件:
>
> (一)通过电子商务平台签订或者履行网络购物合同而产生的纠纷;
>
> (二)签订、履行行为均在互联网上完成的网络服务合同纠纷;
>
> (三)签订、履行行为均在互联网上完成的金融借款合同纠纷、小额借款合同纠纷;
>
> (四)在互联网上首次发表作品的著作权或者邻接权权属纠纷;
>
> (五)在互联网上侵害在线发表或者传播作品的著作权或者邻接权而产生的纠纷;
>
> (六)互联网域名权属、侵权及合同纠纷;

（七）在互联网上侵害他人人身权、财产权等民事权益而产生的纠纷；

（八）通过电子商务平台购买的产品,因存在产品缺陷,侵害他人人身、财产权益而产生的产品责任纠纷；

（九）检察机关提起的互联网公益诉讼案件；

（十）因行政机关作出互联网信息服务管理、互联网商品交易及有关服务管理等行政行为而产生的行政纠纷；

（十一）上级人民法院指定管辖的其他互联网民事、行政案件。

换句话说,只有涉及上述案件,互联网法院才具有管辖权。我来帮大家提炼一下条款内容：（1）网购合同纠纷；（2）网络服务合同纠纷；（3）网上借款合同；（4）网上首发著作权权属纠纷；（5）网上著作权侵权纠纷；（6）域名纠纷；（7）网上侵权纠纷；（8）网购产品责任纠纷；（9）检察院提起的互联网公益诉讼；（10）互联网行政案件；（11）上级法院指定的案件。

互联网法院是司法主动适应互联网发展大趋势的一项重要举措,是具有重大意义的,哪怕是网络空间也非法外之地,法律可以在更多方面维护消费者的合法权益。

● 主播到底是广告代言人还是销售商?

自从进入电商时代,主播直播带货就成了一种趋势,如雨后春笋,层出不穷。当然,直播间商品的品质把控也成了一个难题,推荐的产品参差不齐,出现了不少问题。

> **法 条**
>
> 《网络直播营销行为规范》第二十五条 主播在直播活动中,应当保证信息真实、合法,不得对商品和服务进行虚假宣传,欺骗、误导消费者。

尽管有上述规定,在直播行业的爆发式发展下,主播夸大宣传、产品货不对版、直播数据造假、售后服务难以保证等情况并不少见。

之前闹得很大的"糖水燕窝案",更是将主播带货的法律性质推向了大众的视野,人们一度认为主播其实是给商家代言做广告,从而赚取费用,实际身份是代言人。

当时,此案中的主播强调自己不涉及采购,只是广告代言。在媒体曝光后,该主播也没有第一时间承认错误、自我反思,还声称要起诉质疑燕窝是糖水的消费者,直到有"职业打假人"拿出该产品的生产报告后,这个主播才肯承认产品信息资料存在虚假描述,并拿出了自己跟广州某公司签订的品牌推广合作协议展示给公众。

法 条

《广告法》第二条第五款 本法所称广告代言人,是指广告主以外的,在广告中以自己的名义或者形象对商品、服务作推荐、证明的自然人、法人或者其他组织。

简单来说,如果商家向带货主播支付费用,主播在直播中以自己的名义或形象向观众推荐商品或服务,其属于《广告法》中规定的"广告代言人"。

但如果燕窝是主播团队自己生产,并凭借主播魅力宣传出售,这时候主播就不只是单纯的广告代言人了。如果产品出现问题,他要承担的责任也可能大很多。

因此,主播在带货过程中一般存在以下几种角色:

第一种,广告代言人;第二种,不是代言人,而是广告的发布者;第三种,既是代言人,也是广告发布者;第四种,主播是卖家,也就是商品的销售者。所以,具体问题具体分析。不过可以肯定的是,只要是有争议的产品,没有专业、权威认证的产品,主播就应以严谨、慎重的态度对待,否则出了问题,也会为自己增加风险。

● 原价999,现价9块9?

不久前,某公司因存在虚假宣传和价格欺诈等违法行为,被深圳市市场监管局依法处以顶格罚款250万元。

官方给出的原因是，该公司在他们运营的天猫和京东直播课旗舰店销售课程时，分别标示"¥1899 限时折扣""价格3280元，参考到手价2580元"等内容。经核实，相关课程均未以标示的价格进行过交易，构成利用虚假的或者使人误解的价格手段诱骗消费者交易的行为，因此违反了《中华人民共和国价格法》第十四条第四项的规定，即经营者不得"利用虚假的或者使人误解的价格手段，诱骗消费者或者其他经营者与其进行交易"。

同时，也明显存在虚构原价的情况。因为该公司在本次促销活动中，标示的原价属于虚假、捏造的，相同的课程在以往并不存在或者从未有过交易记录，而现在却直接明码标价出售。

法 条

《禁止价格欺诈行为的规定》第七条第一项　经营者收购、销售商品和提供有偿服务，采取下列价格手段之一的，属于价格欺诈行为：(一)虚构原价，虚构降价原因，虚假优惠折价，谎称降价或者将要提价，诱骗他人购买的。

案例

> 小李在逛商场的时候,发现某家大型超市正在做大折扣促销,打出的标语是"原价998,现价只要98"。看到该广告,小李心动不已。但当小李将"原价998"的商品买回去后,他发现同类物品正常的交易价格就是118元。他以98元的价格购买,只能算便宜了点,并不像商家宣传的那样是优惠幅度巨大的促销活动。

不得不说,我们的生活中到处都充斥着"原价999,现价9块9"的诱导式广告,它们极大地刺激了消费者的感官,让很多人都觉得自己不买就吃亏了,不管用不用得着,先买回去再说,好像买到就是赚到。可事实真如商家们宣传的那样吗?他们给出的优惠幅度真的那么大吗?

如果消费者想弄清楚这些问题,首先得知道何谓原价。法律规定,"原价"是指经营者在本次促销活动前七日内在本交易场所成交,有交易票据的最低交易价格;如果前七日内没有交易,以本次促销活动前最后一次交易价格作为原价。如果说促销活动前七日内都是118的价格,商家却标上个998,那显然是价格欺诈。

> **法　条**
>
> 《国家发展改革委关于〈禁止价格欺诈行为的规定〉有关条款解释的通知》
>
> 二、《规定》第七条第(一)项所称"虚构原价",是指经营者在促销活动中,标示的原价属于虚假、捏造,并不存在或者从未有过交易记录。所称"虚假优惠折价",是指经营者在促销活动中,标示的打折前价格或者通过实际成交价及折扣幅度计算出的打折前价格高于原价。
>
> 前款所称"原价"是指经营者在本次促销活动前七日内在本交易场所成交,有交易票据的最低交易价格;如果前七日内没有交易,以本次促销活动前最后一次交易价格作为原价。
>
> 经营者开展连续促销活动,首次促销活动中的促销让利难以准确核算到单个商品或者服务(以下统称商品)的,应当以首次促销活动中单个商品的结算价格作为计

> 算下次价格促销活动时的原价。
>
> 　　三、经营者对未销售过的商品开展促销活动,不得使用"原价"、"原售价"、"成交价"等类似概念,误导消费者认为该商品在本经营场所已有成交记录。否则属于《规定》第七条第(一)项情形。

我们从上述法律规定可以看出,只要所谓的原价从未有过交易记录,就是典型的消费欺诈。那消费欺诈"该当何罪"呢?答案是:退一赔三!

法律无非柴米油盐

CHAPTER 05

农村农民权益

最新公布的第七次全国人口普查结果显示,虽然城镇人口比重升至 63.89%,但居住在乡村的人口还是有 5 亿多。

哪怕很多年轻人已经通过奋斗在城市扎根,但还有很多亲朋好友在老家生活。可见,农村问题始终是一个不可忽视的大问题。而与农村、农民相关的法律问题,大众也是有必要了解的。这一章我们就来聊聊农民们的权益。

可以多申请一块宅基地吗？

我们需要先了解到底什么是农村宅基地。农村宅基地，顾名思义，是村民用于建造住宅及其附属设施而占有、利用的本集体所有的土地，包括建设住房、附属用房和庭院等用地，不包括与宅基地相连的农业生产性用地、农户超出宅基地范围占用的空闲地等土地。

农村村民建住宅要使用宅基地的，可以向当地村委会提交申请，由村里免费分配给本村农民使用。但需要明确一点，这些土地不是农民家的祖产，不能谁有钱谁买，占为己有，它是属于村集体的。也因此，宅基地不可以对本村村民以外的人出卖、出租,用以获利。

而且,农村宅基地秉持"一宅一户"原则,农村村民一户只能拥有一处宅基地,面积不得超过省(区、市)规定的标准。

随着现在城市化进程的加快,农民的生活条件也变好了,不少人举家搬迁到城里,也有人在城市落户,成为"城里人",因此脱离了原来的集体组织。

这当然没问题,每个人可以自由选择生活环境。但如果有一天不想在城市里继续生活了,想回农村养老,再去村委会申请宅基地,那么,很遗憾,你已经不是村民,自然也无法获得宅基地了。

法 条

《中华人民共和国土地管理法》(以下简称《土地管理法》)第六十二条第一款、第五款　农村村民一户只能拥有一处宅基地,其宅基地的面积不得超过省、自治区、直辖市规定的标准。

农村村民出卖、出租、赠与住宅后,再申请宅基地的,不予批准。

三十年河东,三十年河西,近年来农村经济发展也非常迅速,很多"城里人"也开始羡慕农村户口了,而"农夫山泉有点田"也成了一些人退休后的理想状态。所以,就算去了城市里工作生活,如果还想留着老家的宅基地,那就要珍惜自己的农村户口啊。

◆ 农村房屋继承?没问题

上文我们提到了农村宅基地不可以对本村村民以外的人出卖、出租,用以获利。有人想,现在是可以自家人住着,那父母百年之后,宅基地上自建房屋归谁呢?已经是城市户口的子女可以继承吗?

按照国家规定,农村宅基地所有权、宅基地使用权和房屋所有权是分离的,**宅基地所有权属于村集体,宅基地使用权和房屋所有权属于农户**。换句话说,就是属于村集体的农村宅基地不能继承,村民对宅基地只有使用权。但上面盖的房子,是可以依法继承的。

法 条

《民法典》第三百六十二条　宅基地使用权人依法对集体所有的土地享有占有和使用的权利,有权依法利用该土地建造住宅及其附属设施。

《民法典》第三百六十三条　宅基地使用权的取得、行使和转让,适用土地管理的法律和国家有关规定。

《土地管理法》第二条第一款、第三款　中华人民共和国实行土地的社会主义公有制,即全民所有制和劳动群众集体所有制。

任何单位和个人不得侵占、买卖或者以其他形式非法转让土地。土地使用权可以依法转让。

《土地管理法》第十一条　农民集体所有的土地依法属于村农民集体所有的,由村集体经济组织或者村民委员会经营、管理;已经分别属于村内两个以上农村集体经济组织的农民集体所有的,由村内各该农村集体经济组织或者村民小组经营、管理;已经属于乡(镇)农民集体所有的,由乡(镇)农村集体经济组织经营、管理。

案例

前几年,大学毕业的小王留在了城里,为了让在农村生活的父母能过得更舒适一点,他给家里汇了不少钱,王大爷用这些钱将村里的老房子拆除了重新盖了楼房。房子盖好后,乡亲们羡慕不已。随着王大爷年纪越来越大,他考虑到盖房子的钱都是儿子出的,自己和老伴儿去世后,想让儿子继承这块宅基地。

所以,他去村委会询问能不能过户,但村干部告诉王大爷,小王不能继承宅基地。王大爷想,是不是因为儿子的户口在城里才不能继承的。村干部说,这跟是不是城市户口没关系,农村的宅基地不能继承,王大爷和小王拥有的是永久居住权。

由此可见,根据我国的土地管理制度,农村宅基地不能被单独继承。虽然宅基地不能被单独继承,但是地上的房屋可依据《民法典》的相关规定被合法继承。

所以,我还是要给大家提个醒,如果家里有宅基地的,可以修缮一下老宅,让其"屹立不倒"。因为一旦房子毁了,没了,超过两年就不可以翻盖了。很多地方规定,当房子处于不可居住状态时,宅基地就会被集体收回。

> **法 条**
>
> 《确定土地所有权和使用权的若干规定》第五十二条
> 空闲或房屋坍塌、拆除两年以上未恢复使用的宅基地,不确定土地使用权。已经确定使用权的,由集体报经县级人民政府批准,注销其土地登记,土地由集体收回。

● 农村承包地?不就是我的吗?

有人说,土地是农民的主要收入来源,农民只要有土地,就能想方设法过得很好。那么,对农民而言如此重要的土地,到底是属于谁的?

其实,土地和宅基地一样,农民的"责任田"也就是承包地,都属于村集体。我们国家法律明确规定,"**农村和城市郊区**

的土地,除法律规定属于国家所有的以外,属于农民集体所有"。因此,村民个人只能承包土地,拥有经营权,同样不可以买卖。

不过,土地性质不同,承包的期限也不太一样,像用来种粮食的土地就只有30年期限。可能有人要问了,我家的地从我出生至今已经好几十年了,早超过30年了,怎么还在我们手里啊?答案是,承包到期后,国家会延长30年。

法　条

《中华人民共和国农村土地承包法》(以下简称《农村土地承包法》)第三条　**国家实行农村土地承包经营制度。**

农村土地承包采取农村集体经济组织内部的家庭承包方式,不宜采取家庭承包方式的荒山、荒沟、荒丘、荒滩等农村土地,可以采取招标、拍卖、公开协商等方式承包。

《中共中央、国务院关于保持土地承包关系稳定并长久不变的意见》第四条第二项　(二)第二轮土地承包到期后再延长三十年。……

我说过承包地不能买卖,但大家还是经常看到有人把地包给别人,这样做合法吗?

大家需要看清楚,这种情况是转包不是买卖,是法律允许的。因为农民在承包土地后,享有土地承包权和经营权,只要不改变原来的土地性质,可以自己经营土地,也可以选择保留土地承包权,流转其承包地的土地经营权。如果这地的性质是种粮食的,那不能包给别人盖厂房,盖厂房就改变了原来的土地性质,法律不允许。

还有一点需要注意,如果流转(转包)期在五年以上,一定要记得向登记机构申请土地经营权登记,这样就万无一失了。

法 条

《农村土地承包法》第九条　承包方承包土地后,享有土地承包经营权,可以自己经营,也可以保留土地承包权,流转其承包地的土地经营权,由他人经营。

《农村土地承包法》第四十一条　土地经营权流转期限为五年以上的,当事人可以向登记机构申请土地经营权登记。未经登记,不得对抗善意第三人。

其实，由于许多农村的年轻人选择去城市打工，村里的地没人种，土地流转并不是坏事。不少地方通过流转，让那些留在农村继续务农的农民，有机会进行规模化经营，提高农业生产效率，还改变了原本粗放、单一、科技含量不高的生产情况，加速了农业产业结构的升级。

● 征地补偿

近年来，随着各地经济的快速发展和城市化的加快推进，大量农村集体土地被征收。在这种情况下，农民会获得国家给予的征地补偿费。

那这笔补偿款有多少？会补偿哪几项呢？

《土地管理法》规定，**征收用地后，有土地补偿费、安置补偿费以及地上附着物及青苗补偿费。**

不过，这些钱也不完全是农民的，因为农村土地属于村集体所有，所以征地补偿费是给村集体的。但其中的安置补偿费和地上附着物以及青苗补偿费，是属于农民的，也是一笔不小的数目。至于具体金额，根据当地的经济发展状况，定有不同的动态标准,而这些都是透明公开的,不用担心数目不清。

网络上流传着一个相关的段子,"房子一移,兰博基尼!房子一扒,帕纳梅拉"。这虽然有夸张的成分,但也能从侧面说明,在制定征地补偿费的具体金额上,国家还是充分考虑了农民日后生活发展需求的。

法 条

《中华人民共和国土地管理法实施条例》第三十二条 省、自治区、直辖市应当制定公布区片综合地价,确定征收农用地的土地补偿费、安置补助费标准,并制定土地补偿费、安置补助费分配办法。

地上附着物和青苗等的补偿费用,归其所有权人所有。

社会保障费用主要用于符合条件的被征地农民的养老保险等社会保险缴费补贴,按照省、自治区、直辖市的规定单独列支。

申请征收土地的县级以上地方人民政府应当及时落实土地补偿费、安置补助费、农村村民住宅以及其他地上附着物和青苗等的补偿费用、社会保障费用等,并保证足额到

> 位，专款专用。有关费用未足额到位的，不得批准征收土地。

◆ 外嫁女能分征地补偿款吗？

在国内的不少农村地区，由于传统观念和利益驱动的影响，外嫁女的各项合法权益，尤其是土地承包、集体资产收益分配等权益容易受到不同程度的侵害。因此，外嫁女土地补偿费如何分配的问题，就成了征地补偿纠纷案件中最为常见和突出的一种类型。

案 例

小美自小生活在刘村，她的户口也登记在这里。2018年，她与城镇居民小峰登记结婚。半年后，刘村数百亩集体土地被征收了，很多村民得到了补偿款。但小美没有被列入分配名单，这让小美欲哭无泪，错失好几万的补偿款。不少人说"嫁出去的女儿泼出去的水"，既然小美已经嫁给城里人了，那她应该就没有获得补偿的资格了。

事实并非如此，农村集体经济组织成员在征地补偿费等方面享有同等权利。虽然小美已经结婚了，但她的户口依旧在刘村，还是刘村村民。只要符合这一点，小美就应该得到补偿费用。

同样的道理，如果小美结婚后将户口迁出了刘村，那她确实不具备分得该村征地补偿费的主体资格了。

可见，外嫁女是否能取得补偿款，不是看她是否出嫁，而是看户口！而且，有明确的法律规定，**妇女与男子享有平等的权利**，谁都不能以对方是妇女或是外嫁女为借口，不合理地剥夺女性的征地补偿分配资格。

法 条

《农村土地承包法》第六条　**农村土地承包，妇女与男子享有平等的权利。**承包中应当保护妇女的合法权益，任何组织和个人不得剥夺、侵害妇女应当享有的土地承

> 包经营权。
>
> 《中华人民共和国妇女权益保障法》第三十二条 妇女在农村土地承包经营、集体经济组织收益分配、土地征收或者征用补偿费使用以及宅基地使用等方面,享有与男子平等的权利。

看到这里,大家应该发现了,农村的法律问题相较城市更加具有历史渊源。其复杂程度更高一些,一旦处理不好,很容易引发矛盾。因此,大家也就更有必要了解农村、农民的法律需求。

只有知法、懂法、守法、用法,打好手中的保护之伞,大家才能生活在一个安全、和谐的法治社会中。

法律无非柴米油盐

CHAPTER 06

常见法律问题解决指南

中国人民大学法学院副教授、博士生导师高仰光说过:"对于同一个人来说,法律不会总是偏向对他有利的一面,也不会总是偏向对他不利的一面。法律应当有独立的立场,应当有理性的判断,应当有高冷的性格,应当是真正的强者。"

法律追求平等、公义,是对事不对人的。而作为社会普通成员的我们,是应当学习法律的,不要用生活经验代替法律逻辑,因为法律源于常识,而又高于常识。

在日常生活中,我们总会遇到各种各样的问题,其中一部分就与法律相关。简单的债务纠纷,写一份正式的合同,了解什么是正当防卫,以及发生交通事故后如何应对,等等。我们学习法律,不仅是为增长法律知识,还是为了增强安全意识和自我保护的能力。

不请律师也能打一场漂亮的官司

我在工作中经常听到一个问题,打官司一定要请律师吗?我的答案是:不是必须请,但建议请。毕竟隔行如隔山,最好把专业的事交给专业的人来做。

当然,我也理解大家为什么会这么问。通常,大部分案件需要委托人先行支付一笔不菲的律师费,很多人又担心案件结果不尽如人意,不但没有赢得诉讼,还损失一笔律师费,有点得不偿失。

我们先排除一些复杂案件、大额标的案件、专业领域(如知识产权、海商海事等)案件,如果只是一些简单的小额债务纠纷、家庭邻里矛盾,而你又有时间、精力和一定的表达能力,不妨听听一个拥有近二十年律师执业经验的资深律师的总结,再尝试不请律师自己参与诉讼。

若你掌握了我总结的以下几个关键点,或许就能凭自己的能力打一场漂亮的官司!

1. 必须打借条

生活中,人总免不了跟钱打交道,如果是关系一般的人,有借贷关系一定会写张借条。熟人之间,往往出于面子原因,不好意思让对方写借条,必须提醒大家这样很不明智。

借条是表明债权债务关系的书面凭证,一般由债务人书写并签章,表明债务人已经欠下债权人借条注明金额的债务。也就是说,借条可以证明你将钱借给了对方,而且上面有借款金额、借款时间等信息。

根据《最高人民法院关于审理民间借贷案件适用法律若干问题的规定》,起诉时需要向法院提供借据等其他能够证明借贷法律关系存在的证据。因此,就算是七大姑八大姨找你借钱,也一定要跟对方说明必须出具借条。

既然借条如此重要,在写借条时要注意些什么呢?

首先,应该要求对方出具规范的、无涂改的借条,并附上联系方式和身份证号码等信息,不能有涂改信息。这是为了避免打官司时,公说公有理,婆说婆有理。

其次,还得区分欠条和借条。欠条形成的原因多种多样,如拖欠劳务费、货款、赔偿款、房租等。因此,欠条无法直接证明借款关系,反而会增加诉讼风险。

再次,借条应尽量简洁明了,不要使用模棱两可的语言。比如,翠花借狗蛋十万元,像这样的语言,无法明确到底是谁向谁借钱,应当用"借给"而不是"借"。

最后,务必注意,借条本身必须是一张完整的纸,不能是被撕过或裁剪过的纸张。其实,借条的完整性非常重要,防止借款人以借条不具有完整性、不真实为理由进行抗辩。

法院并不了解撕去的部分是否有其他意思表示,而**民事诉讼的原则是谁主张谁举证**,如果你作为原告主张撕去的是空白无用的废纸,是需要自己举证的,如果不能举证就要承担败诉的结果。因此,一定要注意这一点。

2. 忘了写利息,打官司时可以要吗?

前面我讲了打借条,但有人可能想问,熟人、亲戚之间写借条已经很难为情了,如果再约定利息,是不是太不近人情了？如果当初借钱时顾及面子,没在借条上写明利息,只进行了口头约定,之后两个人关系恶化,对方还款时不承认了,那能不能要回利息呢？

根据《最高人民法院关于审理民间借贷案件适用法律若干问题的规定》,如果你们当初借钱时,没有约定利息或者约定不明（比如口头约定）的,打官司时,你想要借款人在归还本金的同时还给利息,那只能仰天长叹了,因为法院不支持！都说亲兄弟还得明算账,关于利息,除非你确实不想要,否则一定要白纸黑字写清楚,这样才能在出现纠纷时有理有据。

另外,法律保护"善良"的人,若你将借贷作为牟利的手段,那不好意思,根据法律的规定,**约定的利率最多不能超过合同成立时一年期贷款市场报价利率的四倍**。具体利率是多少,需要大家动手搜索中国人民银行授权的全国银行间同业拆借中心每月发布的利率标准。

3. 我该准备哪些证据？

在处理小额债务纠纷时,已经有了借条,也约定了利息,是不是就万事大吉了？事实上,自然人之间的借贷关系,也就是你和亲戚朋友间的借钱关系,我们也称之为民间借贷,其中有一个特殊之处,就是它得是实践合同。

顾名思义,得实践,合同才成立。就算你们有借条,也不足以百分之百地确定你们之间真的产生了借贷行为,还必须把钱交给对方,这样才算借贷关系真正成立了。

因此,在提交证据时,除了提交双方身份证明(身份证复印件)、借条或者欠条、借款合同(如果有)、还款承诺书(如果有)等,你还要提交借钱给对方的银行转账记录。如果给的是现金,就要有能证明钱已经给了对方的证据,包括照片、视频、对方的承认、证人证言、录音等。如果是你向别人借钱,且有过还钱行为,也要有还钱的证据,比如聊天截图、转账记录等。此外,如果主张利息,就要提供利率标准的证据(证明当时约定的利率没有超过一年期贷款市场报价利率的四倍)。

为了方便大家记忆,我帮各位梳理了8个要点,也就是发生债务纠纷时,债权人需要向法院提供如下证据:

(1)身份证明。原、被告双方的身份证明,如果借款发生在被告婚姻存续期间,还需提供被告婚姻登记材料以及借款人夫或妻的户籍证明,这样就可以把被告夫妻列为共同被告。

（2）债权证明。合同、收据、借据、欠据、协议等。

（3）如债务人已偿还部分欠款,需要提供还款证据。

（4）利息方面。如利息未进行书面约定,要提交债务人支付利息的证据从而反推出利率。

（5）担保或抵押合同、债务转让的书面材料。

（6）请求诉前财产保全或者诉讼财产保全的,提供可财产保全财物的存放地点、数量价值,银行存款开户行、账户。

（7）申请证人出庭作证应当提交申请书。

（8）如果自己确实拿不到某些证据,还可以申请法院调查取证,但是得提交书面的申请。

4. 法院见!

当证据准备得差不多,下一步就该启动诉讼程序了。走,咱们去法院!不过,新的问题也随之而来,起诉时又有哪些注意事项呢?

首先,你得在诉讼时效内提起诉讼,否则对方提出时效抗辩,说你告晚了,你也可能因此功亏一篑。

> **法 条**
>
> **《民法典》第一百八十八条第一款　向人民法院请求保护民事权利的诉讼时效期间为三年。**法律另有规定的，依照其规定。

不过，大家需要注意一点，诉讼时效从何时起算也大有文章。第一种情况，借条中约定了还款日期的，诉讼时效就从还款日期的次日起计算。第二种情况，借条中没有写明还款日期的，更简单，债权人有权随时要求还钱。

不过，第二种情况也分以下几类情形：

第一类，一旦开口要钱，就表示债权人要求立即履行，诉讼时效应自开口要钱的第二天起计算。

第二类，如果商量好一个明确的还款日，就等于变更了合同内容，将履行期限不明确的债务变成了明确的。那么，诉讼时效应从这个日期到期的第二天开始算。

第三类，你找对方要钱，对方不但不给，还不承认借钱这事。这种情况，就从对方不承认的第二天起算诉讼时效。

如果确实过了诉讼时效，千万别贸然起诉，否则基本上都会败诉。我在这里给大家支个招儿。你可以给债务人打个电话或者发个信息，装作漫不经心地再要一次钱，不过要注意录音取证。如果债务人在电话或者回复的信息中没有否认这笔债务，只是说再缓缓、请你体谅之类的话，那么恭喜你，这叫自行认可债务，诉讼时效从这一刻起，再算三年。

其次，你需要递交一份起诉状，那起诉状该怎么写？

通常，起诉状分三个部分。第一部分是原、被告的基本信息；第二部分是你的请求，也就是你希望法院如何判决；第三部分，也是最重要的部分，是事实与理由。

你可以在网络上搜索一些起诉状的模板作为参考，当然，也可以按照你的想法自由拟定，只要包括上述内容就好。

最后，写好诉状，再整理好我们前文所说的证据材料，最好列一个证据目录。注意，证据要一式三份，然后一并提交给立案庭即可。如果暂时没有准备好充分的证据，也不必着急，法院立案后，会给双方一个举证期限，在期限届满前随时可以提交。

5. 防患于未然——财产保全

如果你在起诉时或起诉后发现，债务人不但有钱不还，而且存在恶意转移财产的情况,就有必要申请财产保全了。

财产保全,是指人民法院为了保证将来判决的执行或者避免当事人财产遭受损失,在案件受理前或者诉讼过程中,对当事人的财产或者争议的标的物采取的强制措施。人民法院采取财产保全强制措施之后,会在一定期限内有效地限制当事人对其财产的支配和处分,从而达到保全目的。简单来说,就是不管有没有问题,先扣住再说。

财产保全,一般分为诉讼保全和诉前保全两种。

(1)诉讼保全是指法院在受理案件后、作出判决前的这段时间,为保证将来生效判决的执行,根据一方当事人的申请或依职权对另一方当事人的财产或争议的标的物采取的强制性措施。

采取诉讼保全通常要具备这几个条件:

第一,出于一方的原因有可能使判决得不到执行。

第二,给付之诉。通俗来讲,就是需要给钱、给东西的案子。单纯的确认之诉(比如确认母子关系)或变更之诉(比如解除收养关系)没有给付内容,根本不会产生判决不能执行或难以执行的情况,不适用诉讼财产保全制度。

第三,一般来说,咱得主动申请才行。

第四，有可能得提供担保。因为万一你申请保全了人家的财产，结果你败诉了，保全错了还得赔人家钱呢！

(2)诉前保全是指，在起诉前，利害关系人的合法权益面临紧急情况，需要采取保护性的临时措施，使其合法权益免受难以弥补的损害，人民法院根据利害关系人的申请对被申请人的财产采取的强制性措施。

采取诉前财产保全也有几个条件：

第一，情况很紧急，他们马上就要转移财产了；

第二，必须申请，法院不会依职权主动进行；

第三，必须提供担保，不提供担保的，会被驳回申请。

尤其是第二、第三个条件，明显比"诉讼保全"严格多了。为什么呢？因为这可是在起诉前就保全别人的财产，谁知道你有没有道理，会不会给被保全人造成重大损失呢？从严要求是没问题的。

大家可以看出来，财产保全是个好办法，只不过在实际操作中有一个难点——担保。如果我们随便保全别人的财产，万一出现了问题，或者经过审理发现，被告不用承担责任，那原告或者申请保全的人就必须承担赔偿责任，因此，才会要求提供担保。

以前财产保全会比较麻烦,因为要求提供等值财产担保。如果你想保全被告五十万元存款,可以,但你也要拿五十万交给法院暂时封住。现金不够,房子也行,可以去房管局做一个活封,判决下来之前,房子不能交易、不能抵押。如果你没有足够的钱,也没有价值相当的房产,找别人也行。

现在各家保险公司,推出了一种叫"财产保全保险"的险种,保险公司会对你的证据和起诉状进行简单的审核,如果他们认为债务存在,证据真实,那你交一笔较少的保费,就可以获得保险公司给法院提供的财产担保。如果有损失,保险公司将会承担。这样就能大大减轻原告的经济负担。如果有需要的话,我推荐大家去咨询一下保险公司。

当我们学会了财产保全,能做到灵活运用,距离我们拿回属于自己的钱,就又近了一步!

6. 开庭不是吵架

我们前面做了那么多准备,就是为了开庭。开庭环节是整个诉讼程序中最重要的一环,因为只有这时才有机会全面展示证据,充分陈述事实,互相对抗观点,获得法官认可。而且,大部分民事案件只开庭一次,错过了就没有别的机会了。

不过,也因为开庭很重要,大家容易陷入新的误区。在开庭时,恨不得跟对方唇枪舌剑、一较高下,甚至因情绪激动,可能会互相攻击谩骂。记住,千万不要这样,结果只会适得其反,反而对自己不利。

我们先了解一下开庭的程序:

(1) 书记员查明当事人和其他诉讼参与人是否到庭,并宣布法庭纪律。

(2) 审判长宣布开庭,并核对当事人,宣布案由,宣布审判人员、书记员名单,告知当事人有关的诉讼权利、义务,询问当事人是否提出回避申请。

(3) **法庭调查阶段**。法庭调查按照下列顺序进行:

① 当事人陈述;

② 告知证人的权利、义务,证人作证,宣读未到庭的证人证言;

③ 出示书证、物证、视听资料和电子数据;

④ 宣读鉴定意见;

⑤ 宣读勘验笔录。其间,当事人经法庭许可,可以向证人、鉴定人、勘验人发问。

(4)法庭辩论阶段。按照下列顺序进行:

①原告及其诉讼代理人发言;

②被告及其诉讼代理人答辩;

③第三人及其诉讼代理人发言或者答辩;

④互相辩论。法庭辩论终结后,由审判长征询各方最后意见。

(5)评议和宣判。法庭辩论或被告人最后陈述结束后,法官进入评议室评议,作出裁判,当然大部分案子并不会当庭宣判,需要另行通知。

不过,需要提醒大家的是,这些程序还有一些值得注意的细节:

(1)对借贷金额、利息的计算方式要清楚明确。在最短的时间内向法庭陈述本金、利息是如何计算的。

(2)在法庭调查阶段,简明扼要地说清楚双方借贷发生的原因、经过,利息的约定,出借人还款情况。

(3)在举证环节,要有足够证据形成完整的证据链。不仅要有借条、借款协议、借款合同等能证明双方借贷关系的证据,还要有真实的转款凭证,才能证明双方的借贷关系是真实发生的、符合法律规定的。

另外，根据我多年的出庭经验，也给出两点建议：

第一，你要说服的是坐在中间的那位法官，绝不是对方当事人。记住，对方是不会被你说服的，无论你再有道理，口才再好，都没有办法改变对方的想法。否则，你们也不会闹到法庭了。这意味着，出庭时你只需要说事实、讲法律，不要只顾着跟对方吵架。

第二，语言一定要简明扼要。法官审理过上千件类似的案件，我们只要说法律点，提供有效的证据就足够了。法官也会疲惫，也喜欢给他节省时间的当事人。

我们律师出庭，也是坚持这些原则。如果你可以做到，你的案子已经成功了一半。

7. 执行，不难

等到了执行这一步，要先恭喜你胜诉了。不过，只拿到法院的一纸判决还不够，只有把真金白银拿到手，才算终极意义上的胜利！

执行是诉讼程序的关键，如果不能得到执行，花掉再多精力、金钱，得到的只有一张纸质判决书。

下面我们了解一下什么是执行程序。民间借贷强制执行只能通过人民法院进行,并且前提条件是败诉方不履行法院判决,在这种情况下,胜诉方才能向人民法院申请强制执行。

对于执行程序,满足四个条件即可:

第一,法律文书。又称执行文书,执行的启动,应以法律文书为根据。以下法律文书具有执行效力:民事判决书、裁定书和调解书;具有财产执行内容的刑事判决书和裁定书;法律规定由人民法院执行的仲裁文书;法律规定由人民法院执行的公证文书;法律规定由人民法院执行的其他法律文书。

第二,法定期限。申请执行的期间为二年。

第三,清偿顺序。强制执行被申请人财产所得的现金,应及时清偿债务。如果有多个申请人,则由人民法院执行员按照法定的清偿顺序分配,而不采取平均分配的办法。其顺序是:首先偿还所欠申请人的工资和生活费,其次偿还所欠国家的税款,最后偿还其他债务。先满足上一顺序申请人的债权,再满足下一顺序申请人的债权。如果在同一清偿顺序内尚不能满足所有申请人要求的,则依各人债权数额的多少,按比例分配。未能清偿的债权,债务人以后偿还。

第四,执行收费。强制执行是要收取费用(执行费)的,按照诉讼费的标准收取。申请强制执行之前,法院不会向申请人收费,等执行完毕后,被执行人去法院支付费用。

在了解了执行条件后,要想申请执行,还需要拿着胜诉判决书,先找作出判决的那位法官开具一份判决生效证明,再写一份强制执行申请书(网上有模板),最后带上你的身份证明资料,去法院立案庭就可以了。

怎样订立一份"完美"的合同?

你可能没有意识到,我们每天都在订立合同、履行合同。上网购物时,从点击付款那刻开始,买卖合同就成立了;乘地铁上班,在闸机刷卡的一刹那,客运合同也已生效。合同无处不在,可繁、可简,可以书面订立,也可以口头约定。

所谓合同,就是双方的约定,其中有哪些权利、义务?履行合同的目的是什么?如果违约了又该怎么赔偿呢?

现在,我就教你如何做到不用找律师,也能订立一份"完美"合同。

1. 合同的主体

合同主体是指合同各方。你、我、他皆可。同样地，自然人、公司也行。合同主体之间绝对平等，用不正当的方式，如威胁、胁迫等非法手段强迫别人签订的合同无效。哪怕是父子之间的买卖合同，也应该经平等协商签订。

> **法 条**
>
> 《民法典》第四百六十四条第一款 合同是民事主体之间设立、变更、终止民事法律关系的协议。

2. 合同的内容

关于合同的内容，我们先看看法律的规定。

> **法 条**
>
> 《民法典》第四百七十条 合同的内容由当事人约定，一般包括下列条款：

> （一）当事人的姓名或者名称和住所；
>
> （二）标的；
>
> （三）数量；
>
> （四）质量；
>
> （五）价款或者报酬；
>
> （六）履行期限、地点和方式；
>
> （七）违约责任；
>
> （八）解决争议的方法。
>
> 当事人可以参照各类合同的示范文本订立合同。

可以说，这八项内容是构成一份合同最基本的要素。

当然，内容也可以更多、更细化，只要不违法，任由合同主体自行约定。但如果缺少这八个要素中的一个或几个，就很可能不能称其为合同了。比如，一份房屋买卖合同没有约定"标的""价款"，连买的谁的房子、房价多少都没有体现的话，当事人怎么履行合同呢？

在具体操作中，合同种类有千万种，但最重要的是记住这八项。如果能保证这里不出错，也就不会有大问题。

3. 违约责任

我个人认为，合同中最重要的部分，就是违约责任。如果一份合同能顺利履行，一方交货，一方付款，结果当然是双赢。但如果某一方违反了约定，说话不算话，就得按照当初约定的违约责任公事公办了。

很多人觉得，为了让对方不敢违约，签订合同时干脆定一个天价违约金好了。于是，在合同中写上"违约金为合同价款的五倍"或者"违约金为一亿"，听起来吓人，但真的有用吗？

法 条

《民法典》第五百八十五条　当事人可以约定一方违约时应当根据违约情况向对方支付一定数额的违约金，也可以约定因违约产生的损失赔偿额的计算方法。

约定的违约金低于造成的损失的，人民法院或者仲裁机构可以根据当事人的请求予以增加；**约定的违约金过分高于造成的损失的，人民法院或者仲裁机构可以根据当事人的请求予以适当减少。**

当事人就迟延履行约定违约金的，违约方支付违约

> 金后,还应当履行债务。

由此可知,签合同的时候可以约定违约金,但不能太夸张,人民法院或者仲裁机构可能会因为"违约金过分高于造成的损失"而予以适当减少。

4. 律师费,您来付

随着时代发展,现在大家的法律意识越来越强了,在发生纠纷后,很多人的第一个想法就是通过诉讼解决问题。不过,打官司可以,却不愿意请律师,主要的原因是顾虑到律师费。

诉讼跟投资理财一样,都有风险,而律师费也不是一笔小开支,一旦败诉,就是赔了夫人又折兵。因此犹豫是人之常情,无可厚非。

但我想告诉大家一个好办法,在合同中加入下面这句话:本合同生效后,任何一方违反合同约定,除承担违约金外,还应承担守约方为维护自身合法权益所产生的一切费用,包括但不限于律师费、诉讼费、保全费、公证费、鉴定费、差旅费等。这样,后续出现违约情况,律师费就可以让违约方买单了,起诉时拿着律师开具的发票,一并主张损失,法院会把这笔钱额外判由对方承担。

5. 送达地址条款

先给大家一个送达地址条款的模板,以供参考。

为更好地履行本合同,双方提供如下联系方式:

(1)甲方联系方式

邮寄地址:

联系人:

电话:

电子邮箱:

(2)乙方联系方式

邮寄地址:

联系人:

电话:

电子邮箱:

双方通过上述联系方式之任何一种,就本合同有关事项向对方发送相关通知等,均视为有效送达与告知。上述邮寄送达地址同时作为有效司法送达地址。

至于为什么一定要如此约定，是因为有时候会出现法院文书无法送达的情况。例如，翠花借给狗蛋一万元钱，已到约定还款日期，但狗蛋一直没有还款，翠花一纸诉状将狗蛋告上法庭，但无论如何都联系不到狗蛋，法院文书也交不到他手上。

这种时候就只能公告送达了，意思就是用公开宣告的方式送达诉讼文书，过了法律规定的一定时间，即视为送达。这种方式只能在受送达人下落不明，或者用其他方式无法送达的情况下采用。一般是登报发布公告六十日后，就意味着对方收到了。

但这样做的弊端很明显，两个月的时间很长，期内很可能发生无法预料的事。那么，有没有什么办法不公告也能直接送达？办法是有的。《最高人民法院关于进一步推进案件繁简分流优化司法资源配置的若干意见》第三条规定："当事人在纠纷发生之前约定送达地址的，人民法院可以将该地址作为送达诉讼文书的确认地址。"

也就是我在前面为大家提供的那个模板。当事人在签订合同的同时，可以约定一个"送达地址条款"，对双方的送达地址进行约定。如果之后要进行诉讼，法院只需要向这个地址发出诉讼文书就算送到。至于是不是真收到了,无所谓。

6. 合同要不要公证

法律没有规定合同必须经过公证才生效。只是说,经过公证的合同具有更强的法律效力,就相当于给合同披上了一件"防弹衣"。

所谓"公证",就是把订好的合同,拿到公证处,请公证员出具书面的公证书,确认这份合同的效力。这样一来,该合同效力会更加确定。

比如,合同一方如果认为合同条款被人篡改,要求法院确定该条款无效。那么,若是经过公证的合同,另一方根本不用理会,只需拿出公证书就行。如果没有公证,可能还得费一番口舌来证明自己手里的合同跟原始合同文本无异。总之,只是麻烦一些。

不过,现实生活中还是会有人产生一些误解,就像狗蛋和翠花签订了一份二手房买卖合同,马上就要到合同约定的交房时间了,但狗蛋反悔了,他从一个朋友那里听说,合同要经过公证才能生效,而他跟翠花的买卖合同没有去公证处公证过,所以他认为合同无效。那位朋友所说的内容根本是无稽之谈,而轻信的狗蛋势必付出代价。所以,大家需要记住公证与否,并不影响合同的效力。

当然，还有一种情况，就是可以将公证约定为合同生效的条件，双方约定该合同必须公证，否则无效。而我的建议是，花小钱办大事，想让合同更具法律效力的话，还是去公证为好。

7. 管辖法院

合同订立后，大家都希望各方认真履行。但如果最后还是发生了纠纷，那么，我们该去哪个法院打官司？

"原告就被告"，指的是在没有特别约定情况下，以被告所在地法院管辖为原则。不过，法律允许事先在合同中对于管辖法院进行约定。

这一点非常重要。试想一下，如果把管辖法院约定到了你的所在地，一旦产生纠纷，谁的时间成本高？要知道，从立案、举证、开庭、领判决、上诉、二审开庭、发回重审到申请执行，哪个环节不得来一趟啊！如果你能就近，而对方远隔千山万水，他们很可能因为考虑到成本问题，不会轻易涉诉，你也能相对获得更大的利益。这也就是合同各方往往对管辖法院的约定锱铢必较的原因。

一句话，在哪儿对自己有利，就去哪儿解决，但要有关联性。

原告住所地、被告住所地、标的物所在地、合同履行地、合同签订地，这几个地方法律上视为与合同有实际联系的地方。

前四个地点是客观的，也是事后可以界定的，基本不会有争议。而"合同签订地"最容易被拿来做文章，有些恶意的合同方，会对合同签订地进行不实的约定。

比如，买卖双方都在北京，标的物和合同履行地也在北京，签订地就在 CBD 的一家酒店。但卖方在乌鲁木齐有分公司，为了刻意给买方增加可能的诉讼成本，就在合同中把签订地写成了"乌鲁木齐市天山区"。如果你在签订合同时发现了该情况，一定要多加注意，说明那家公司并非抱着诚信合作的心态在跟你做生意，不妨再思量、考察一二。

另外，关于管辖法院，还要注意几个专属管辖。以下几种情况的法院管辖是不可以约定的。

法 条

《中华人民共和国民事诉讼法》第三十三条　下列案件，由本条规定的人民法院专属管辖：

（一）因不动产纠纷提起的诉讼，由不动产所在地人

> 民法院管辖；
>
> 　　（二）因港口作业中发生纠纷提起的诉讼，由港口所在地人民法院管辖；
>
> 　　（三）因继承遗产纠纷提起的诉讼，由被继承人死亡时住所地或者主要遗产所在地人民法院管辖。

至此，一份合同的基本要件已经齐备。

一份"完美"的合同，也是合作愉快的前提。如果你通过本篇内容掌握了一些订立合同的小技巧，我相信，这份合同一定可以顺利履行，合同的目的也一定能够实现。

● 到底什么是正当防卫？

大家听到"正当防卫"这个词时，第一反应是什么？

防卫，顾名思义即防止、制止、保护。而正当防卫，是指对正在进行不法侵害行为的人采取的制止不法侵害的行为，对不法侵害人造成损害的，属于正当防卫，不负刑事责任。

早在几年前,它还是一个稍显冷门的法律专业术语,但在近几年,却引发了全社会的关注和讨论,相关的立法和司法解释也在不断出台,适用的案例也层出不穷。

为什么大家会如此关注,究其原因,是它涉及每个人的自身利益,每个人的安全利益,每个人是否可以在一定程度上行使"私力救济"。所以,正当防卫是一个被法律极其严格界定的概念,纤毫之间,结果可能会有天壤之别。

1. 被打,还击!就是正当防卫?

案 例

如果你走在路上,突然被人无端拳打脚踢。在躲避无望的情况下,你觉得"忍无可忍,无须再忍",于是,你为了避免遭受严重不法伤害,愤而还击,且程度适当,这是正当防卫。

如果别人对你进行殴打后,他转头溜走了,而你也任其逃走,只是没多久又狭路相逢了,这时你越想越窝囊,出手打了对方,那这时就不是正当防卫,属于故意伤害。

因为法律规定的正当防卫，是对正在进行的不法侵害进行的防卫。记住，构成正当防卫的要件之一是时间。

2."大炮打蚊子"还是正当防卫吗？

> 案 例
>
> 你在闷热的夏天买了个西瓜，摊主说好保熟，但你回家切开一看，是个生瓜。回去找摊主理论，对方还态度恶劣，甚至抱起西瓜砸向你。对方摆明了是欺负人。于是，你怒从心头起，在西瓜摊拿起一把刀，顺势就向摊主捅过去。

这是正当防卫吗？当然不是。**构成正当防卫的第二个要件，是不得超过必要的限度。**

简单来说，就是不能用大炮打蚊子，超过必要限度的防卫，可以认定为防卫过当，但是防卫过当不是一个具体的罪名。具体到本案，这样一刀造成摊主受伤或者死亡，极有可能构成故意伤害罪或故意杀人罪。

3. 你打我啊？

|||||||||||||||||||||||||||| **案 例** |||||||||||||||||||||||||||||

> 你最近刚知道"正当防卫"这个概念，闷热的夏天，你正好在喝酒、撸串，好巧不巧，对面桌坐着你的情敌，你想教训他一顿，于是计上心头，张嘴就骂。各种讽刺辱骂，不信他不上当！对面那人也是个暴脾气，冲过来就动手，太好了，你决定正当防卫！

错了，这不是正当防卫，是故意挑拨，法律术语叫作"防卫挑唆"。而基于"防卫挑唆"产生的严重后果，主动挑唆一方同样可能构成故意伤害罪或者故意杀人罪。所以说，害人之心千万不可有。

4."你瞅啥？""瞅你咋的？"

案 例

> 还是夏天，还是烧烤摊，这次是双方"相看两生厌"，都想揍对方一顿。于是，二话不说就打得热火朝天，直到警察出面才平息了事端，结果是双方均被罚款或拘留。

这种情况同样不构成正当防卫。因为不符合正当防卫第三个要件，目的正当。

法谚有云："斗殴无防卫。"任何一方的斗殴行为都不属于制止不法侵害，当然也就不属于正当防卫的范畴。所以，不能认为只要有人打你，你反击了，就是正当防卫。

5. 防卫还有一般、特殊之分？

案 例

回家路上，你听到巷内传来呼救声，急忙跑过去，看到隔壁村的小黄正在强行和一位姑娘行不轨之事。你丝毫没有犹豫，就和小黄打起来，因为你练习过搏击，一招就将小黄制伏在地。可好巧不巧，地上有一块凸出的砖头，撞击到了小黄后脑，导致他颅内出血，不幸身故。**不用担心，虽然这次超过了必要限度，依然属于正当防卫。**

法 条

《中华人民共和国刑法》第二十条第三款　对正在进行行凶、杀人、抢劫、强奸、绑架以及其他严重危及人身安全的暴力犯罪，采取防卫行为，造成不法侵害人伤亡的，不属于防卫过当，不负刑事责任。

在恶性的犯罪面前,任何人都可以群起而攻之,不以后果论。这也是法律赋予公民的特殊权利。

6. 可以对精神病人正当防卫吗?

大家都知道,精神病人不承担刑事责任,间歇性精神病人在其发病期间做出的行为同样不承担刑事责任。因为他们无法辨认自己的行为。但如果精神病人在发病期间对我们进行侵害,我们能否正当防卫?答案是可以的。

正当防卫的前提,是对正在进行的不法侵害进行防卫,不以主体是否具有刑事责任能力为准,如果精神病人在发病时对你进行侵害,你依旧可以正当防卫。

精神病人免责,是法律保护特殊群体,而可以对其正当防卫,也同样是法律保护普通公民的合法权益,这并不冲突。

经过对上述案例的学习,我们大致了解了正当防卫的特点、构成,以及何时何地采取何种手段进行防卫。希望大家能学以致用,让法律赋予我们的权利更好地保护我们,更好地保护整个社会。

◆ 出了交通事故，该怎么办？

之前，我问过一位民事审判庭的法官，生活中最常见的案件类型是什么。他说，常见案件排名第一的是婚姻家庭纠纷，排名第二的就是交通事故赔偿。

截至 2021 年，我国机动车保有量已经高达 3.8 亿余辆。车辆保有量增加，城市化进程加快，随之而来的还有不得不面对的道路交通事故问题。

交通事故纠纷，以其结果的不可预知性、处理流程的相对复杂性、争议涉及方的多边性而独特地存在于民事诉讼各类案件之中。

所以，我觉得应该和大家聊聊，如果遇到交通事故该怎么办？如何才能争取到最大程度的合法权益？

先记住最重要的一条——不要逃逸，不要逃逸，不要逃逸。

普通人发生交通事故，第一反应是紧张、害怕、慌乱。这个时候很可能会产生逃避的心理，再加上侥幸心理作祟，很可能头脑一热，一走了之。

> **法 条**
>
> 《中华人民共和国道路交通安全法实施条例》第九十二条第一款　发生交通事故后当事人逃逸的,逃逸的当事人承担全部责任。但是,有证据证明对方当事人也有过错的,可以减轻责任。

本来可能是次要责任,甚至无责,可一旦逃逸就是全部责任。万一事故很严重,产生致人死亡的后果,如果不逃逸,有可能仅构成交通肇事罪;如果直接逃逸,致人重伤就有可能构成更严重的犯罪。

肇事逃逸还可能导致保险公司的商业险拒赔,事故造成的财产损失和人身赔偿金等,都需要由逃逸的当事人自行承担。

一起可能走保险的普通民事纠纷就因逃逸变成了刑事案件。同时,造成的损失还需要个人承担,实在是得不偿失。

另外,在遍布城市和乡村的"天网"监控体系下,想逃脱责任的可能性也不存在。因此,发生交通事故后,应当立即停车,保护现场,然后报警,并向给车辆投保的保险公司报告出险情况。如有人员伤亡，还应当立即拨打120抢救伤者，将伤者送医。而肇事者要在现场等待交警到达，在交警到达之后，开启交通事故处理流程。

这个流程听着确实稍显复杂，但你只要记住下面7个关键点就可以了。

第一个关键点：都别走。

案 例

张某开车，与步行的李某发生交通事故，李某自觉身体无恙，遂让张某离开。李某回家后，过了7天感觉头疼、头晕，到医院检查后，被诊断为外伤性脑梗死，因无法证明自身损伤与事故的关联性（无法确认在这7天内，李某是否又受到了其他的伤害），其医疗费等损失全部由李某自己承担。所以，无论车祸情况是否严重，都不要轻易私下达成一致，离开现场。

无论是肇事方,还是受害方,均应在现场等待,交警到达后会先听取双方陈述,查验现场。

一种情况是,如果双方陈述一致,且经交警判断事故的确不太严重,交警会在现场直接根据双方过错程度进行定责。

如果损失轻微,事故双方可以直接在现场达成赔偿协议。因为多年不出险,机动车保费折扣比例较大,如果走保险理赔的话,可能导致来年保费大幅度上涨。当然,如果现场损失较大,则应当报保险后,由保险公司理赔。

另一种情况,如果事故双方陈述不一致且无法从现场分析事故成因,或者造成了比较重大的财产损失或人员伤亡,交警则会调取监控录像进行分析、判断,或在寻找目击者询问事发经过后,进行责任划分。

总之,不论事故大小,一定要在交警在场或者主持调解的情况下进行沟通,出了事故先别急着走。

第二个关键点:谁的错?

我们在定责之前,需要先知道法律规定有哪些定责情况。交通事故责任划分包括以下情况:

(1)一方承担全部责任,另一方无责任;

（2）一方承担主要责任,另一方承担次要责任;

（3）双方负同等责任;

（4）某种原因致使责任无法划分;

（5）属于意外事件,各方均不承担责任。

在交警出具道路交通事故责任认定书后,各方要及时领取查看。

如果对事故责任划分有异议怎么办?

记住,一定要在事故认定书上载明的复核期限内提出复核申请。对事故认定书责任划分有异议的救济途径,只有申请复核。所以,一定要抓紧时间,不要寄希望于将来打官司的时候,让法官推翻这份事故认定书。

因为相较而言,交警在事故处理责任认定方面更具有专业性,所以如果交通事故产生纠纷导致诉讼,法官推翻交警出具的事故认定书责任划分的概率极小。

第三个关键点:赔多少?

（1）如果事故损失轻微,可以在交警出具事故认定书后自行协商赔偿,也可以报保险后由保险公司定损赔偿。

（2）如果事故中有行人受伤,伤者方负事故全部责任的,则伤者治疗费用由其自行承担,机动车驾驶人无须承担赔偿责任。

但该机动车的承保保险公司,应当在交强险无责赔付的限额内承担保险责任。自 2020 年 9 月 19 日后发生的交通事故,交强险无责任赔偿限额为:死亡伤残赔偿限额 1.8 万元,医疗费用赔偿限额 1800 元,财产损失赔偿限额 100 元。

也就是说,在上述限额内,即使行人负全部责任,保险公司也应当在限额内进行赔偿。

如果机动车驾驶人在事故中负有责任,则伤者的损失在交强险限额内的部分由保险公司全额赔偿。自 2020 年 9 月 19 日后发生的交通事故,交强险责任限额为 20 万元,其中死亡伤残赔偿限额 18 万元,医疗费用赔偿限额 1.8 万元,财产损失赔偿限额 0.2 万元。

超过交强险限额的部分,则由商业第三者责任保险按照事故责任比例来承担。如果车辆没有投保商业第三者责任保险,则需要由驾驶人或者车辆所有人等有过错方来承担。

要提醒大家的是,如果机动车方有责任,那承保交强险的保险公司是有垫付医疗费的义务的,垫付的数额以保险限额和实际产生的医疗费为限。

机动车驾驶人或车主为伤者垫付医疗费用时,应当尽量通过银行转账的方式直接支付到医院,避免通过微信等无法显示实名的方式向伤者家属转账,以防后续产生纠纷时,难以提供证据。

第四个关键点:车坏了怎么赔?

车损赔偿纠纷可以分为两种情况。

(1)司机无责或者不负全部责任,但是事故相对方没钱赔。

在此种情况下,如果机动车在保险公司投有车损险,则可以要求该保险公司在车损险范围赔偿全部车损,然后由保险公司去向事故相对方"代位求偿"。说白了就是保险公司先赔我,然后你去找他们追讨。

(2)修车有争议。

如果自己先行维修,应当保存好车辆损失部件的照片、维修项目明细、维修费发票、维修费支付单据等证据,然后向法院提起诉讼,要求保险公司或事故相对方赔偿车辆损失。

如果保险公司或者对方对维修费用不认可,可以去法院申请车损司法鉴定,然后按照鉴定数额认定车损数额。

如果既不认可车损数额,又不申请鉴定,但也没有其他证据证明维修项目和数额的不合理性的,法院一般会按照原告方提交的证据认定。

第五个关键点:人伤了赔哪些?

人身损害赔偿纠纷,绝大多数是因为对赔偿项目和项目赔偿标准存在分歧,人身损害赔偿项目多,各项目的计算标准复杂性也远超一般官司。

在交通事故案件中,人身受损方可主张的赔偿项目有:**医疗费、住院伙食补助费、营养费、护理费、误工费、交通费。如果受伤严重,还可能有伤残赔偿金、被扶养人生活费、精神抚慰金等费用。**(后文有详细介绍)

这些项目有的据实结算,有的有固定的标准,有的根据当地经济发展状况每年会有不同,有的由法官综合考量之后做出判定。

第六个关键点:谈不成,就起诉吧!

因为不是每起交通事故案件都能达成一致,如果调解不成,尽快起诉为上策。

如果是车辆损失诉讼,还较为简单,我们前面已经有所介绍,这里不再赘述。下面主要讲述人身损害案件的诉讼流程。

(1)管辖

交通事故案件起诉管辖法院,可以是事故发生地或者被告所在地的法院。

如果事故发生在杭州,而被告车主在上海,这两个地方的法院都可以管辖,看原告自己的选择,可以哪里方便选哪里。

(2)诉讼时效

人身损害赔偿的诉讼时效是三年,一般会从损害发生之日起计算。注意不要超过诉讼时效。

(3)被告

首先,肇事司机必然是被告,有保险公司要把保险公司也带上,如果车主和驾驶人不是同一个人的,把车主和驾驶人一起告上。因为被告越多,判决承担责任的也就越多,你的损失的弥补也就相对能获得更好的保障。

(4)证据

交通事故官司无非这些证据:

1.道路交通事故责任认定书。这是交警开具的,用以证明事故的发生和责任划分。

2. 驾驶人、车主的身份证、驾驶证，车辆行驶证，肇事车辆保单，保险公司的全称、所在地、法定代表人姓名和职务。总之，是能证明各个被告身份的证明材料，可以是复印件。

3. 赔偿项目和数额的票据资料。

医疗费。根据医疗机构出具的医药费、住院费等收款凭证，结合病历和诊断证明等相关证据确定。

法院一般会判决按照实际开销的医疗费赔偿。这里需要注意的是，要保留好治疗时产生的单据、病历等，如果有保险公司不赔偿的部分，则要求由肇事方承担。

如果伤情严重，需要二次手术，那么为了省去二次起诉的麻烦，我们可以在要求法院进行伤残等级、护理期、营养期、误工期司法鉴定时，一并进行后续治疗费的鉴定。

住院伙食补助。根据病历确定住院天数，按照当地公职人员差旅费标准，乘以住院天数来确定，各地标准不同，可以查阅相关标准。

护理费。按照护理人员的收入状况和护理人数、护理期限确定。护理人员原则上是一人，但医院明确需要二人以上，也是可以的。

误工费。按照伤者误工时间和收入计算。

营养费。各地标准不一,一般按照医嘱或者病历中载明的天数确定。

这里需要的证据,主要是护理人和伤者的劳动合同、工资表、停发工资证明等证明自己收入和损失的证据材料。

伤残赔偿金。伤残等级根据司法鉴定报告确定,按照受诉法院所在地上一年度城镇居民人均可支配收入计算。(全国绝大部分省份已经不再区分城镇居民和农村居民,统一按照城镇居民标准计算,各省份实施日期不同,具体实施日期可查阅相关文件。)

最低伤残等级为十级,计算系数为10%;最高伤残等级为一级,计算系数为100%。

法条

《最高人民法院关于审理人身损害赔偿案件适用法律若干问题的解释》第十二条第一款 残疾赔偿金根据受害人丧失劳动能力程度或者伤残等级,按照受诉法院所在地上一年度城镇居民人均可支配收入或者农村居民人均纯收入标准,自定残之日起按二十年计算。但六十

> 周岁以上的,年龄每增加一岁减少一年;七十五周岁以上的,按五年计算。

计算方法为受诉法院所在地上一年度城镇居民人均可支配收入（农村居民人均纯收入）× 伤残系数 × 年数。

被扶养人生活费。如果伤者家中有未成年人和没有劳动能力的父母、配偶的,可以请求被扶养人生活费,但部分法院不会直接根据伤残等级支持此项目,需要做丧失劳动能力的相关鉴定。

标准按照被扶养人所在地或受诉法院所在地城镇居民人均消费性支出和被扶养人需要抚养的年限确定。

交通费。由伤者住院、转院等产生的合理交通费用。

精神抚慰金。各省份标准不一,但一般只有在构成伤残的情况下才会支持。

证据材料准备齐全后向法院提起诉讼,如果伤情严重,在诉讼程序中,可以向法院申请伤残鉴定和护理期、误工期、营养期鉴定。

法院依法判决后要求责任方或者保险公司履行,在义务方拒不履行生效文书判定的义务时,可以向法院申请强制执行。

第七个关键点:农村人还是城里人,有意义吗?

"同命不同价"这一点,引发过激烈而广泛的讨论。比如,一起事故中不幸有两位被害人身故,但因为户籍问题,城里人获得的赔偿金额比农村人多出了一倍!着实让人难以接受。

好在现在全国各省份基本都已经不再区分城镇和农村居民标准,统一按照城镇居民标准计算伤残赔偿金、死亡赔偿金和被抚养人生活费。

这一点也是有《民法典》作为法律支持的。

法　条

《民法典》第一千一百八十条　因同一侵权行为造成多人死亡的,可以以相同数额确定死亡赔偿金。

如果同一事故造成多人死亡的,可以以相同数额确定死亡赔偿金。也就是说,在同一起事故中,如果有一人以上死亡,则

死亡赔偿金可以按照计算标准较高的死者标准来认定。

因为交通事故责任划分、具体赔偿项目及计算标准繁复多样,本篇内容在文字上相对没有那么"柴米油盐"。不过,我还是希望大家用不上这篇文章的知识点。总之,平安出行,安全交通,愿每个人都能健康顺遂!